『실천이성비판』
강의

『실천이성비판』 강의

발행일 2021년 6월 20일 | **지은이** 이수영
펴낸곳 북튜브 | **펴낸이** 김현경 | **편집인** 박순기 | **주소** 서울시 종로구 사직로8길 24 1221호(내수동, 경희궁
의아침 2단지)| **전화** 02-739-9918 | **이메일** booktube0901@gmail.com
ISBN 979-11-90351-86-7 03110
이 책은 지은이와 북튜브의 독점계약에 의해 출간되었으므로 무단전재와 무단복제를 금합니다.
잘못 만들어진 책은 서점에서 바꿔 드립니다.

북튜브 책으로 만나는 인문학강의 세상
북튜브는 북드라망의 강의-책 브랜드입니다.

원전디딤돌 02

『실천이성비판』 강의

이수영 지음

Kritik der praktischen Vernunft

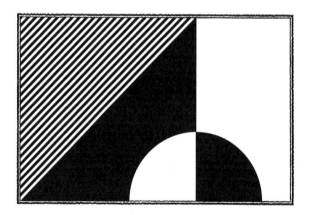

Booktube
북튜브

서문

이 해설서의 대상은 '일반인'이고, 그것도 칸트의 『실천이성비판』을 몸소 읽고 싶어 하는 일반인입니다. 이 책을 구상하고 쓰게 된 문제의식은 다음과 같습니다. 원전을 직접 읽어 낼 방법이 없다면, 철학에 접근할 수 있는 통로는 전문가들끼리 돌려보는 연구논문을 참고하거나 전문가들의 친절한 해설서를 읽는 것이겠습니다. 그런데 연구논문들은 어렵습니다. 전문가들만의 커뮤니티에서 회람되는 것이므로 그건 당연합니다. 그 논문들이 불친절하다고 일반인이 끼어들어 하소연할 이유가 없는 것이죠. 반면 해설서들은 친절하고 쉽습니다. 하지만 해설서를 읽고 나서도 원전을 독파할 능력이 생기지 않는다는 점이 문제입니다. 이렇게 되는 것은 해설서와 원전의 문체가 다르고 난이도가 현저히 차이 나기 때문입니다. 해설서들은 최대한 난이도를 떨어뜨려야 해설서로서 성공적일 수 있습니다. 그런 해설서들을 여러 권 섭렵하고는 어느 정도 이해했다고 생각하고 원전을 집어 들어 봅니다. 하지만 그 난해한 원전의 번역문 앞에서 낭패감을 느끼지 않을 도리가 없습니다.

따라서 원전을 읽을 수 있게 하는 해설서가 필요하다고 생각했습니다. 그리고 그 해설서는 당연히 원전의 문장과 문체에서 너무 멀어져서도 안 될 것입니다. 그래서 이 책에서는 원전에서 따온 문단 전체를 본문과 구별해서 인용하는 방식은 쓰지 않았습니다. 해설서에서 이렇게 인용된 원전 부분이 나오면 어렵다고 생각하고는 대개는 그냥 건너뛰고 맙니다. 가급적 칸트의 (번역된) 언어를 그대로 이용하면서 해설하려고 노력했습니다. 특별히 필요치 않다면 직접 인용도 최대한 자제했습니다. 칸트의 언어와 해설의 언어가 구별되지 않게끔 했습니다. 이런 방법이 원전을 읽어 내는 힘을 길러 줄 것이라고 생각합니다. 어차피 해설서는 원전으로 안내하는 그 역할에 충실해야 합니다.

'코페르니쿠스적 전회'라는 말을 칸트에게 붙이듯이 그의 철학은 현대 철학에 있어 커다란 전환점이자 최고의 종합입니다. 칸트를 읽지 않고 현대의 철학을 논하는 일은 거의 불가능한 것으로 보입니다. 그리고 그 시작은 물론『순수이성비판』

입니다. 여기서 논의되는 시간론, 초월적 방법론, 개념의 연역론, 도식론, 변증론, 이율배반론 등은 칸트 이후의 철학에 지대한 영향을 미친 귀중한 논의들입니다. 『실천이성비판』은 윤리학에 있어 코페르니쿠스적 전회라고 할 수 있습니다. 칸트는 인식론만이 아니라 윤리학의 지형도 완전히 새롭게 바꿉니다. 선을 위한 지침이 도덕법칙이 아니라 도덕법칙을 따르는 것이 선이라고 말합니다. 그는 이런 새로운 윤리를 위해 자유, 정언명령, 윤리의 형식성, 악의 근원성 등에 대해 천착합니다. 사변이성에 이어 실천이성에서도 칸트는 가히 혁명적입니다. 그의 윤리학이 갖고 있는 다양한 응용 가능성을 우리 시대가 아직 다 길어 내지 못했다는 생각입니다.

이 책은 2020년에 남산강학원, 감이당, 문탁네트워크에서 진행된 강의를 바탕으로 한 것입니다. 어설프고 인기도 없는 강의지만 그런 강의라도 할 수 있도록 자리를 마련해 주고 직접 강의까지 들어 주신 그곳의 여러 선생님들께 깊은 감사를 드립니다. 혼자 힘으로 나오는 결과물은 그 어디에도 없습니다. 강의 녹취를 푸느라 고생한 남산강학원의 청년 학인들도 고맙습니다. 끝으로 이 책을 기획하고 편집하고 모든 번거로운 일까지 맡아서 처리해 준 박순기 실장에게도 감사를 드립니다.

강의를 시작하기 전에

책의 구성에 대하여

이 책은 두 개의 부분으로 구성되어 있습니다. 앞부분은 『실천이성비판』에 대한 해설입니다. 칸트의 저작이 궁금한 분은 이 부분만 읽어도 상관이 없겠습니다. 부록은 칸트의 윤리학으로 사유할 수 있는 것들에 대해 현대 철학자들의 논의를 바탕으로 나름대로 정리해 보았습니다. 일종의 응용론입니다. 이 부록을 먼저 읽고 원전의 내용을 살펴보는 것도 큰 도움이 되리라 생각합니다. 철학 텍스트가 우리 시대에 이런 수준으로 응용될 수 있구나, 하는 그 능력과 영향력에 대한 사전 이해가 원전에 대한 접근성을 더 높여 줄 것이라고 생각합니다.

번역서에 대하여

이 해설서를 위해 최재희 선생의 번역본(박영사, 1975)과 백종

현 선생의 번역본(아카넷, 2009) 두 가지를 동시에 참조했습니다. 그러나 해설에서는 아카넷판을 인용했습니다(약간의 윤문은 있습니다). 이 책의 자매편인 『『순수이성비판』 강의』(북튜브, 2021)에서도 아카넷판을 사용했기 때문에 용어 번역의 연속성이 확보될 필요가 있었습니다. 그리고 개념어의 의미를 비교하기 위해 사용한 영역본은 Werner S. Pluhar가 번역한 *Critique of Practical Reason*(Hackett Publishing Company, Inc, 2002)임을 밝힙니다.

『실천이성비판』의 인용 방법에 대하여

본격적으로 들어가기에 앞서 먼저 『실천이성비판』과 관련된 책을 읽거나 글을 쓸 때 국제적으로 통용되는 인용 원칙을 먼저 살펴보겠습니다. 대개 번역은 『실천이성비판』 초판(1788)을 표준으로 삼고, 베를린 학술원판 전집 제5권(1908/1913)을 보충적으로 사용합니다. 아카넷판의 경우 이것 말고도 몇 가지를 더 참고했으나 초판과 학술원판이 기본입니다. 그래서 인용할 때는 초판의 경우는 'A'를, 학술원판은 전집 제5권을 뜻하는 'V'를 적고 이어서 페이지를 밝힙니다. 가령 아카넷판 176쪽을 보면 A83과 V48이 책 옆쪽에 함께 표시되어 있는 것을 알 수 있습니다. 이는 초판의 83쪽, 학술원판의 48쪽을 뜻합니다. 이 해설서에서는 초판(A)을 사용하겠고, 이때 같이 붙어 있는 쪽수는 번역서의 쪽수가 아니라 초판의 쪽수입니다.

용어에 대하여

칸트의 개념에 대해서는 번역이 상당히 다양하고 아직 학술적으로 통일되어 있지 않습니다. 여기서는 아카넷판의 번역을 따르는 것으로 하고, 각 개념이 어떻게 다르게 번역되는지만 알려드리도록 하겠습니다.

a priori는 대개 '선험적'으로 번역하는데, 경우에 따라서는 '선천적'(박영사판)으로 번역되는 경우도 있습니다. 그리고 그에 대비되는 a posteriori('후험적')를 박영사판에서는 '후천적'이라고 번역하고 있습니다. 칸트 철학을 이해하는 데 중요한 개념인 transcendent/transcendental은 자주 혼동되는 경향이 있는데요. transcendental은 경험을 가능하게 하는 조건에 대한 탐구라는 칸트의 철학적 방법을 뜻하기도 하는 것으로서 '초월적', '선험적'(박영사판) 혹은 '초월론적'으로 번역되는데, 아카넷판에서는 '초월적'이라고 번역하고 있습니다. 이것과 구별하여 경험의 한계를 넘어선다는 의미를 갖는 transcendent는 '초험적', '초월적' 혹은 '초절적'이라고 번역하는데, 두 판본 모두 '초험적'이라고 번역하고 있습니다. 인

간의 정신을 지성/이성으로 나눌 때도 지성(understanding)을 '오성'(박영사판)으로 번역하는 경우도 많지만 여기서는 '지성'으로 쓰도록 하겠습니다. 나중에 설명하겠지만, 지성과 직관을 연결해 주는 능력으로 'imagination'이 있는데, 여기서는 '구상력'(박영사판) 대신 '상상력'이라고 하겠습니다.

1부

순수실천이성의
원칙들

Kritik der praktischen Vernunft

1강 _ '실천이성비판'의 의미

『실천이성비판』의 본문으로 들어가기 전에 먼저 '실천이성 비판'의 의미를 살펴보도록 하겠습니다. 『순수이성비판』이 1781년, 『실천이성비판』이 1788년, 그리고 1790년에 『판단 력비판』, 이렇게 칸트(1724~1804)는 채 십 년도 안 되어 엄청난 분량과 내용의 비판서들을 잇달아 출간합니다. 학문적 전성 기에 쏟아 낸 이 업적들은 모두 인간 이성의 고유한 능력과 목 적에 대한 탐구를 겨냥하고 있습니다. 각각의 비판서는 '대상 과 주체의 관계'에 따라 일목요연하게 정리할 수 있습니다(들 뢰즈, 『칸트의 비판철학』, 13~15쪽). 주체의 표상과 대상의 일치라 는 인식 능력을 다루는 것이 『순수이성비판』의 과제였다면, 주 체의 표상이 대상과 인과관계를 맺는 욕구 능력을 다루는 것 은 『실천이성비판』의 과제가 됩니다. 『판단력비판』의 과제는 대상의 표상이 주체에 미치는 효과입니다.

　그러나 이런 분류보다 더 중요한 것은 이 세 비판서가 겨냥하는 것, 즉 인간 이성의 근본적 능력에 대한 질문입니다. '인간은 무엇을 할 수 있는가?'라는 질문으로도 표현된 이 목표는 이성의 입법 능력에 대한 확인이라고 간략하게 규정할 수 있습니다. 앞에서 대상과 주체의 관계에 따라 분류한 것들을 이제 이성의 입법 능력에 따라 새롭게 정리할 수 있습니다. 사변적 관심에 있어 이성은 대상에 종속되지 않고 자신의 고유한 법칙을 통해 대상에 대한 인식을 가능하게 하는가? 이것이 『순수이성비판』에서 확인하고자 한 작업입니다. 마찬가지로 『실천이성비판』에서는 우리의 의지가 대상의 지배를 받는 대신 이성의 지배 속에서 자율적일 수 있는가 하는 실천적 관심을 탐구합니다. 『판단력비판』의 목표는 미감적이고 목적론적인 판단력을 대상이 아니라 이성의 능력 속에서 찾는 것입니다.

　따라서 '비판'은 기본적으로 이성의 능력과 활동 조건 그리고 그 한계를 규정하는 작업이라 할 수 있습니다. 이성이 사변적 능력 속에서 대상들에 대해 입법할 수 있는지, 아니면 욕구 능력 속에서 의지에 대해 입법할 수 있는지 그 가능성과 한계를 점검하는 것입니다. 그러므로 비판 작업에는 이성의 무

능력이나 이성의 과도함에 대한 검토도 포함될 수밖에 없습니다. 우리는 『순수이성비판』의 영역에서 이성의 그 과도함이 변증적 가상의 형태로 나타난다는 사실을 확인했습니다. 사변적 관심 속에서 대상에 대해 입법하는 것은 순수이성이 아니라 지성(understanding)입니다. 그리고 지성은 언제나 경험 가능성의 영역 내에서만 인식의 입법 능력을 확보할 수 있습니다. 그런데 이 지성의 입법 기능 안에 순수이성이 침범하는 일이 발생합니다. 그것이 바로 변증적 가상입니다. 이 변증적 가상에 대한 고발이 '순수이성'에 대한 '비판', 즉 순수이성이 지성에 잘못 개입한 사태에 대한 비판이 됩니다.

그런데 재미있는 사실은 실천적 관심 속에서는 순수(실천)이성이 지성에 개입하는 잘못에 대한 비판은 존재하지 않는다는 사실입니다. 만약 실천적 관심 속에서도 순수(실천)이성이 지성의 영역을 침범하는 잘못을 범했다면 책의 제목은 분명 『순수실천이성비판』이 되어야 했을 것입니다. 그러나 여기에서는 그냥 '실천이성비판'이라고만 합니다. 이것이 바로 사변적 관심과 실천적 관심에서 이성이 보이는 입법 활동의 차이입니다.

실천적 관심 속에서 입법하는 것은 지성이 아니라 순수이성입니다. 즉 우리의 실천적 '의지'에 대해 입법하는 것은 인식적 관심을 갖는 지성이 아니라 실천적 관심을 갖는 순수이 성입니다. 우리 의지가 지성이 아니라 이성의 지배 속에서 특정한 윤리적 행위에 돌입하는 것이죠. 그런데 사변적 관심 속에서는 지성의 입법 영역에 순수이성이 침범하는 변증적 사태가 있었습니다. 그러나 실천적 관심 속에서 순수이성은 자신의 실천적 입법 능력을 지성에게 결코 양보하지 않습니다. 반면에 순수이성의 영역 속에 경험적 질료들이 개입해 들어오는 또 다른 변증적 가상의 상황이 나타납니다. 그러므로 여기서 비판을 받아야 하는 것은 순수실천이성 자체가 아니라 경험적 관심이 이성에 반영되는 그런 내적 착각의 상황입니다(들뢰즈, 『칸트의 비판철학』, 70쪽). 이성 안에 섞여 든 비순수성(경험적 영역)이 변증적 가상의 원인이고 내적 착각의 원인이므로 비판 대상은 순수이성이 될 수 없습니다. 그래서 책 제목이 『실천이 성비판』이 되는 것입니다.

그렇다면 이런 『실천이성비판』의 성과는 무엇일까요? 욕구 능력에서는 지성이 아니라 이성이 재판관이 되어 입법합니다. 다시 말해 이성이 직접 우리의 의지와 욕구에 대해 규정하고 지시하고 활동한다는 것입니다. 그런데 우리의 의지에 대해 정념들(쾌락에 대한 욕망들, 고통을 피하려는 욕망들)이 아니라 순수이성이 입법할 수 있다는 사실이 증명된다면 무슨 일이 일어날까요? 그것은 바로 우리의 의지의 자유가 확보된다는 사실입니다. 칸트가 '초월적(transcendental) 자유'라고 하는 이 자유는 사변이성과 실천이성으로 이뤄진 순수이성의 전체 건물에서 마룻돌 역할을 한다고 합니다. 『순수이성비판』에서 확인했듯이 사변적 관심의 영역에서는 무조건자를 사유하는 '순수이성'의 개입으로 인해 인과결합의 차원에서 이율배반에 빠지는 경우가 있었습니다. 세계의 만상은 인과의 결합에 의해서만 생겨난다는 주장과 자연인과만이 아니라 자유인과도 있을 수 있다는 주장이 팽팽히 맞서는 세번째 이율배반이 초래되었던 것이죠.

칸트는 이 이율배반에서 벗어나기 위해 자유인과의 차원을 '현상계'(phenomena) 너머 지성이 파악할 수 없는 '예지계'(noumena)에 배치하면서 이율배반을 해소합니다. 만약 자유가 예지계에 존재하는 것이라면 지성에 의해서 파악되는 것은 아니라 할지라도 그것이 불가능한 것은 아니라고 생각할 수 있게 됩니다. 그러나 이 말은 곧 저 '초월적 자유'라는 개념의 객관적 실재성이 우리에게 아직 확보되지 못했다는 말과 다름없습니다. 자유가 없다고는 할 수 없지만 그렇다고 그 자유의 실재성을 우리가 확인할 수는 없다는 것이 『순수이성비판』의 결론입니다.

이제 그 자유의 객관적 실재성을 확보하는 문제가 실천이성의 핵심적 목표가 됩니다. 왜냐하면 우리의 도덕적 실천은 오직 자유의 바탕 위에서만 가능한 것이기 때문입니다. 행위의 윤리성과 비윤리성의 기준은 자유의 유무에 달려 있습니다. 자연의 인과처럼 맹목적 강제성에서 비롯된 행위에 대해 도덕적 비판을 가할 수는 없는 것이죠. 그런데 순수실천이성이 우리의 의지를 그 어떤 정념적 대상들과 상관없이 규정할 수 있다는 것이 증명된다면 그저 생각할 수만 있었던 저 자유를 객관적 실재로서 파악하게 되는 것입니다. 『실천이성비판』의 의미는 바로 여기에 있습니다. 자유와 윤리의 기초를 확보한다는 것. 이에 따르면 자유는 사변적으로 파악되지 않습니다. 그것은 오직 실천적인 차원에서만, 다시 말해 윤리적 차원에서만 제대로 파악될 수 있는 것입니다.

이제 본격적으로 『실천이성비판』의 내용으로 들어가 보겠습니다. 우리는 칸트의 다음과 같은 문장을 자주 들은 적이 있습니다. 물론 그 의미를 알고 있는 것은 아니지만요. "너의 의지의 준칙이 항상 동시에 보편적 법칙 수립의 원리로서 타당할 수 있도록 그렇게 행위하라"(A54). 우리가 알고 있는 정언명령의 대표적인 표현입니다. 이번 강의를 통해 우리는 저 정언명령(순수실천이성의 원칙)이 뜻하는 것이 무엇인지 구체적으로 알아보도록 하겠습니다. 윤리적 차원에서 저 명제가 갖는 어떤 급진성(일종의 코페르니쿠스적 전회)을 확인할 수 있다면 이번 강의는 성공적이라 하겠습니다.

이 명제를 잘 살펴보면, 먼저 '준칙'이라는 말이 있고, 이 준칙이 '법칙 수립의 원리'로서 타당할 수 있도록 '행위하라'고 되어 있습니다. 여기서 '그렇게 행위하라'라는 말에 주목할 필요가 있는데요. 칸트의 이 정언명령은 좀 독특한 구석이 있습니다. '무엇을 하라'가 아니라 '그렇게 행위하라'라고 되어 있습니다. 행위의 내용에 대한 지시가 아닌 행위의 방식에 대한 지시는 상당히 특징적입니다. 내용의 자리가 비어 있고 오직 절차와 행위의 형식만 존재하는 것이 칸트의 윤리적 명령입니다. 그래서 누군가는 정언명령은 반쯤 말해진 신탁과도 같다고 하기도 합니다. 신탁도 어떤 명제를 고지하기는 하지만 그렇다고 무엇을 어떻게 해야 하는지는 가르쳐 주지 않죠. 무엇을 하라고 지시하는 게 아니라 법칙의 원리에 맞도록 행위하라, 이것이 정언명령의 요지입니다. 그렇다면 법칙의 원리가 무엇인지 알아야 하겠습니다. 이렇게 해서 정언명령의 의미를 파악하는 일은 상당히 까다로운 것이 되었습니다.

이 표현을 이해하기 위해서 본문으로 들어가도록 하겠습니다. 『실천이성비판』의 앞부분은 상당히 기하학적인 방식으로 구성되어 있습니다. 책을 펼치면 정의, 주석, 정리1, 정리2, 귀결, 주석, 이런 식으로 이어져 있습니다. 스피노자의 『에티카』에서도 익히 보던 서술 방식입니다. 윤리에 대한 기하학적 서술이란 그만큼 엄밀한 규정의 정신을 요한다고 보면 되겠습니다.

2강 _ 준칙과 정언명령

준칙과 법칙

우리의 행위는 의지에 따른 것이므로 이 의지를 규정하는 어떤 원칙이 있겠습니다. 가령 '그 어떤 모욕이라도 갚지 않고는 참고 넘기지 않는다'는 원칙을 갖고 있는 사람은 이런 원칙을 따라야 하는 상황이 생기면 언제든 저 원칙 아래 자신의 행동을 맡길 것입니다. 이렇게 "실천 원칙들은 의지에 대한 보편적인 규정을 함유하는 명제들"로서 그 아래 다수의 실천 규칙을 갖게 됩니다. 칸트는 윤리적 실천의 원칙들을 두 가지로 구분해 다음과 같이 말합니다.

"이 원칙들은 그 조건이 주관에 의해서 단지 주관의 의지에 대해서만 타당한 것으로 간주될 때는 주관적이다. 즉 준칙들(maxims)이다. 그러나 그것들은 그 조건이 객관적인 것으로,

다시 말해 모든 이성적 존재자의 의지에 타당한 것으로 인식되면 객관적이다. 즉 실천 법칙들(laws)이다"(A35). 준칙과 법칙의 차이는 적용되는 의지의 범위에 달려 있다고 할 수 있습니다. 준칙이 주관적인 원칙이라면 실천 법칙은 모든 주관의 원칙입니다. 즉 모든 의지에 대해서 보편적으로 규정하는 원칙을 실천 법칙이라고 한다면, 특정한 주체의 의지만을 규정하는 원칙은 준칙이 됩니다. 모욕에 대해서는 무조건 갚는다는 원칙은 모든 이성적 존재자의 의지를 규정하는 것이라 할수 없으므로 이는 실천 법칙에는 해당되지 않겠습니다. 누군가는 관용의 정신으로 상대방의 모욕을 처리할 수도 있기 때문이죠.

그렇다면 실천 법칙이 되기 위해서는 어떤 조건이 필요할까요? 다시 말해 그가 누구든 의지를 갖는 모든 인간에게 타당한 실천 원칙은 어떤 조건 아래서 성립하는 것일까요? 칸트는 의지를 규정하는 것이 오직 '순수이성'일 때만 실천 법칙일 수 있다고 말합니다(A36). 순수이성이 의지를 규정한다? 이해하기 어렵습니다. 그래서 우리는 그 반대의 경우에서 도움을 받도록 하겠습니다. 순수이성에 의해 촉발되지 않은 의지, 칸트의 표현으로는 '정념적으로'(pathologically) 촉발된 의지는 기본적으로 실천 법칙과 충돌할 수 있습니다.

여기서 '정념적'이란 칸트의 실천철학에서 아주 중요한 개념으로서, 간단하게 말하자면 윤리적인 것의 영역에 속하지 않는 것들이라 할 수 있습니다(주판치치, 『실재의 윤리』, 25~26쪽). 윤리적이지 않다뿐이지 그렇다고 병리적인 것은 아닙니다. 정념적인 것과 정상적인 것은 서로 대립하지 않습니다. 칸트에 따르면 우리의 정상적인 삶 자체가 기본적으로 정념적입니다. 우리는 수없이 많은 신체적인 요구들을 경험합니다. 이런 것들이 모두 정념적인 것입니다. 행복한 사랑에 대한 갈망, 아늑한 공간에 대한 욕망. 이것만이 아닙니다. 양식 있는 책을 보고 고상한 음악을 듣고자 하는 고급스런 취향도 칸트에게는 정념적인 것에 해당합니다. 정념적인 것들은 불쾌를 피하고 쾌를 추구하는 영역 안의 것들입니다. 그러므로 칸트의 관점에서는 정상성의 세계는 정념적이면서도 비윤리적인 것입니다. 칸트의 윤리를 추동하는 것은 그런 정념적인 삶과는 전혀 다른 어떤 것에 대한 존경입니다. 이것이 무엇인지는 앞으로 밝혀질 것입니다.

우리의 의지가 정념적으로 촉발된다는 것은 결국 우리에게 쾌를 주는 것을 받아들이고 불쾌를 주는 것을 피한다는 사실에 다름 아닙니다. 그렇다면 그런 정념적 의지가 실천 법칙이 될 수 있을까요? 앞에서 실천 법칙의 척도는 모든 의지에 대해 규정적일 수 있는 능력이라고 했습니다. 다시 말해 보편성을 갖는 규정과 원칙이 실천 법칙의 조건입니다. 그러나 우리에게 쾌로 경험되는 것은 타인에겐 불쾌가 될 수도 있습니다. 고상한 음악을 듣는 일은 고급스러운 것이겠지만, 그런 욕망이 모두의 쾌일 수는 없습니다. 그런 점에서 보면 정념적으로 촉발되는 의지가 자신의 원칙으로 삼고 있는 규칙이 객관적인 실천 법칙과 충돌하는 것은 당연합니다.

자연의 경우 운동의 전달에서 작용과 반작용은 동일하다는 원리는 자연의 '법칙'입니다. 그래서 그런 법칙은 모든 작용과 반작용의 현상에서 보편적으로 인식될 수밖에 없습니다. 그러나 의지에 대한 규정 근거들이라는 실천적 인식의 경우, 주체의 욕구 능력이 정념적으로 지배되는 경우가 있기 때문에 자연의 경우처럼 법칙이 되지 못하는 경우가 있습니다. 이 사람의 원칙과 저 사람의 원칙이 서로 충돌할 수도 있고, 우리가 갖고 있는 원칙이 우리가 인식하고 있는 보편적인 실천 법칙과 충돌할 수도 있습니다. 이 충돌의 원인이 바로 정념입니다.

물론 어떤 의도적 결과를 얻기 위한 수단이 되는 실천 규칙은 이성의 산물이 맞습니다. 다시 말해 일정한 목적의식 아래 어떤 행위를 하는 경우 그런 실천 규칙은 이성의 산물입니다. 가령 책상을 만들기 위해 도안을 작성하고 재료를 사모으고 공구를 확보하는 것은 이성적입니다. 그러나 문제는 이 의지를 규정하는 어떤 동기에 있습니다. 우리의 의지는 이성에 의해서도 규정되지만 동시에 여러 정념적 동기들에 의해서도 규정됩니다. 약속이 지켜져야 사회적 관계가 가능하다는 실천 규칙이 있다고 해보죠. 만약 이런 실천 규칙이 모두에게 자동적으로 적용된다면 사람들은 그 어떤 정념적인 동기에 의해서도 흔들리지 않고 약속을 지킬 것입니다. 그러면 그것은 하나의 실천 법칙이라고 하겠습니다. 그러나 인간은 저 실천 규칙조차 자신의 정념적 동기 속에 녹여 낼 수 있는 존재입니다. 다시 말해 신용이 있는 사람이라는 이미지를 돈벌이에 이용하기 위해 약속을 지키는 경우, 이는 윤리적이지 않습니다.

책상 만들기의 예를 다시 이용하면 이렇게 됩니다. 책상은 우리의 이성적 계산에 따라 합목적적으로 제작할 수 있습니다. 이 과정 자체는 이성적입니다. 그러나 책상을 만드는 동기가 무엇인가가 핵심입니다. 저 이성적 과정을 촉발하는 동기 그것이 만약 정념적인 것이라면, 칸트에 따르면 그것은 '실천 법칙'이 아니라 하나의 '준칙'에 불과하다는 것입니다. 만약 책상 만들기의 이성적 과정이 자신의 삶에 도움이 되지 않는다고 생각한다면 그 사람은 책상 만들기를 중단하겠죠? 이렇게 정념적인 동기에 따라 작동하는 의지는 법칙이 갖는 항

구성과 일관성을 유지할 수 없습니다.

만약 우리의 의지를 정념이 규정하지 않는다면, 그것은 바로 순수이성이 우리의 의지를 지배하고 있다는 뜻입니다. 그리고 의지에 대한 순수이성의 규정은 정념의 지배를 받는 준칙과 달리 개인의 호불호를 떠나 보편적으로 작동해야 합니다. 따라서 의지를 규정하는 근거가 다양한 인간의 경우 실천 규칙은 항상 그렇게 하지 않으면 안 된다는 당위(shall), 혹은 명령(imperative)의 형태를 띠게 됩니다. 국가에 충성하라, 진실을 말하라, 이웃을 도우라 같은 명령은 주관적 동기나 형편이 어떻든 상관없이 누구나 따라야 하는 객관적인 법칙처럼 주어집니다.

인간이 신성한 예지적인 존재자라면 아예 죄를 짓지 않을 것이며, 완전히 감성적인 존재라면 나무를 부러뜨리는 바람에 죄가 없듯이 순진무구할 것입니다. 그런데 인간은 완전한 예지자도 아니고 전적으로 감성적인 존재도 아닙니다. 이 둘을 동시에 갖는, 혹은 둘의 불화 속에서 존재하는 유한한 존재입니다. 그렇기 때문에 실천 규칙은 명령의 형식을 취하게 됩니다. 만약 인간이 예지계에 있었다면 거기서는 명령 대신 그저 '있음'이라는 평서문의 법칙이 제시될 것이고, 감성계에만 속했다면 자연의 법칙에 종속되었을 것입니다(권이선, 「칸트 실천

철학의 법정모델 고찰—양심 법정을 도덕법칙에 되비추어서」참조).
인간에게 존경의 마음이 일어나는 것은 이 인간 존재의 불완
전성이나 분열 때문입니다.

그리고 이런 명령도 칸트는 두 가지로 구분합니다. 결
과를 낳기에 충분한 경우에만 의지에 작용하는 '가언적
(hypothetical) 명령'과 결과와는 상관없이 단적으로 의지를 규
정하는 '정언적(categorical) 명령'. 바로 여기서 우리가 앞으로
집중적으로 살펴봐야 할 '정언명령'이라는 개념이 나오는 것
입니다. 가언명령은 기본적으로 조건적인 것입니다. 우리에게
바람직한 결과를 줄 것 같을 때만 따른다면 그 실천 규칙은 가
언명령이 됩니다. '이렇게 하면 행복해집니다' 하는 처세술은
기본적으로 이런 가언명령의 구조를 갖습니다. 행복해지고자
하면 따르라, 하는 조건문을 포함하기 때문이죠. 그런 점에서
가언명령은 삶의 노련한 '훈계' 정도에 해당한다고 칸트는 말
합니다. 그러나 정언적 명령은 그 어떤 조건이나 전제도 요구
하지 않는 실천 법칙입니다.

정언명령이라는 도덕법칙

준칙은 확실히 원칙이기는 하지만 누구나 따라야 하는 명령은
아닙니다. 준칙은 개인적으로 설정한 실천 규칙일 뿐입니다.

그리고 명령 중에서 가언명령은 실천적인 훈계이기는 해도 법칙은 될 수 없습니다. 왜냐하면 그것은 의지를 의지 그 자체로 절대적으로 규정하는 것이 아니라 단지 희망하는 결과의 관점에서만 규정하기 때문입니다. 다시 말해 결과가 자신이 원하는 바일 때만 의지를 규정하기 때문에 그것은 일종의 처세술과 다를 바 없는 그런 것입니다.

실천 규칙이 하나의 실천 '법칙'이 되기 위해서는, 욕망하는 결과를 위해 우리가 필요한 능력을 가지고 있는지, 그런 결과를 낳기 위해 우리가 할 일은 무엇인지 묻기 전에 의지 자체를 충분히 규정해야 합니다. 즉 가언적이지 않고 정언적이어야 합니다. 법칙이란 필연적인 것입니다. 이 필연성을 위해서 무엇보다 필요한 것은 의지에 우연히 부착해 있는 정념적인 조건들로부터의 해방입니다. 순수이성이 의지를 규정한다는 칸트의 말은 바로 정념적인 조건들로부터의 독립성을 뜻하는 것입니다.

칸트의 예를 보겠습니다. 늙어서 궁핍하지 않으려면 젊을 때 일하고 절약해야 한다고 말한다면, 이는 실천적 지시 규정이지 법칙은 아닙니다. 왜냐하면 여기서 의지는 늙어서 궁핍하지 않아야 한다는 조건에 구속되어 있기 때문이고, 그래서 행위자의 형편에 따라 채택될 수도 있고 채택되지 않을 수도 있는 규칙이기 때문입니다. 자신이 갖고 있는 재산 외에 다른 원조가 예상되는 사람에게는 젊어서 일해야 할 필요가 없을 테고, 아예 늙기를 바라지 않는 사람에게는 저런 규칙 자체가 귀에 들어오지 않을 것입니다. 장차 궁핍하게 된다고 해도 어떻게든 근근이 꾸려갈 수 있겠지 하고 생각하는 사람에게는 늙어서 굶주린다는 것도 큰 문제가 아닙니다.

물론 이런 훈계도 특정한 의지에 대해서는 필연성을 갖는다고 말할 수도 있습니다. 물려받은 재산도 없고 다른 원조도 없는 사람에게는 젊어서 일하고 절약해야 한다는 명제는 필연적인 것으로 경험될 것입니다. 하지만 그렇다고 해도 이런 필연성은 주관에 따라 달라질 수밖에 없고, 그래서 모든 주관에 대해 같은 정도의 필연성을 전제할 수도 없습니다. 따라서 "이성의 법칙 수립을 위해 요구되는 것은 이성이 순전히 자기 자신만을 전제하는 것이 필요하다는 점"(A38)입니다. 원래 규칙이란 그것이 우연적인 경험적 조건들 없이 타당할 때만 객관적이고 보편적으로 타당하기 때문입니다.

예를 들어 '거짓말로 약속해서는 안 된다'는 규칙이 있다고 할 때, 이 규칙을 통해 나중에 어떤 개인적 의도(가령 영리의 목적)가 달성될 수도 있고 그렇지 않을 수도 있겠습니다. 그러나 중요한 것은 그런 사후적 결과와 상관없이 의지가 저 규칙에 의해 완전히 선험적으로 규정되는 것입니다. 진실된 약속이라는 명령을 지키고 나서 나중에 이익을 얻을 수도 있지만 그런 결과는 법칙 수립에서 중요하지 않습니다. "실천 법칙들만이 의지의 원인성에 의해 무엇이 벌어지는가에 개의치 않고 오로지 의지에 관계한다"(A38). 만약 실천 원칙이 그로 인해 초래될 결과(실천 원칙을 지키는 목적)에 주목하게 되면 그것은 가언적인 명령으로 전환되어 버립니다. 그래서 실천 법칙을 순수하게 소유하기 위해서는 감각세계에 속하는 의지의 원인성(정념적인 동기들과 목적들)은 무시할 수 있어야 합니다. 그것이 도덕법칙으로서 정언명령이 요구하는 것입니다.

3강 _ 경험적 원칙과 행복의 원리

쾌·불쾌에 기초한 경험적 원리는 실천 법칙이 아니다

준칙과 법칙에 대한 설명을 마친 칸트는 이제 첫번째 정리를 다음과 같이 밝힙니다. "욕구 능력의 객관(질료matter)을 의지의 규정 근거로 전제하는 실천 원리들은 모두 경험적인 것이며, 어떠한 실천 법칙도 제공할 수 없다"(정리1, A38). 여기서 욕구 능력의 '질료'란 그 현실성(실재)이 욕구되는 대상을 뜻합니다. 실재했으면 하는 대상, 그래서 우리의 의지를 통해 현실화하고자 하는 대상, 그것을 욕구 능력의 객관, 혹은 질료라고 합니다. 이런 객관적 질료들에는 돈이나 학벌만이 아니라 쾌(pleasure)의 감정도 해당됩니다. 의지를 촉발하는 것이 이런 객관적 질료라면 그런 실천 원리를 칸트는 모두 '경험적인 것'이라고 합니다.

경험적인 것은 우선 법칙을 형성할 수 없습니다. 백조가 모두 하얀 색인지 우리는 선험적으로 알 수 없습니다. 경험을 해봐야 하죠. 그런데 경험적으로는 검은 백조가 나타날 수도 있습니다. 그래서 경험적인 것은 법칙의 보편성을 확보해 주지 않습니다. 이는『순수이성비판』에서 살펴본 문제인데요. 칸트의 문제의식은 그렇다면 법칙을 가능케 하는 것이 어디에 근거해야 하는 것이냐 하는 점입니다. 경험이 법칙의 기초가 될 수 없다면 그 기초는 분명 우리 주관에 있어야 합니다. 인식의 보편성과 필연성이 지성의 범주에 의해 확보될 수 있다는 것이『순수이성비판』의 증명이었습니다.

그런데 이 경험의 문제가 실천적 관심의 영역에서도 반복됩니다. 우리의 의지가 경험적 대상과 규칙에 의해서 촉발된다면 그것은 실천 '법칙'이 될 수 없다는 것이 칸트의 주장입니다. '거짓말로 약속해서는 안 된다'는 규칙이 있다고 해보겠습니다. 이 규칙 자체로는 윤리적으로 보입니다. 거짓은 약속과 동일 범주에 들어올 수 있는 것이 아니니 말이죠. 그런데 이런 원칙을 돈을 벌기 위해 사용할 수도 있습니다. 돈이라는 객관적 질료, 혹은 돈이 주는 쾌락이라는 객관적 질료가 우리의 의지로 하여금 저 규칙을 받아들이게 한다면 그것은 언제나 경험적인 원리일 수밖에 없습니다. 경험적인 것은 보편성을 갖고 있지 않습니다. 누구나 돈이나 돈이 주는 쾌를 원하는 것은 아니기 때문입니다. 따라서 저 규칙은 사실 '돈을 모으려면 거짓말로 약속해서는 안 된다'는 조건문이었고, 이런 조건을 받아들이는 사람에게만 규칙으로 쓰일 수 있는 경험적 원리입니다.

어떤 대상의 표상이 우리에게 쾌가 되는지 아니면 불쾌가 되는지는 선험적으로 인식할 수 없습니다. 어떤 대상의 쾌나 불쾌는 그것을 받아들이는 주관(주체)의 조건에 따라 달라질 수밖에 없습니다. 따라서 욕구 능력의 객관(질료)을 의지의 규정 근거로 삼는 모든 원칙들은 주관적인 준칙으로만 쓰일 수 있을 뿐입니다. 여기서 정리할 수 있는 것은 경험적이고 주관적인 원칙은 준칙으로서의 효용성 이외에는 존재하지 않는다는 것입니다.

질료적 원리는 행복의 원리다

여기서 도출되는 두번째 정리는 다음과 같습니다. "모든 질료적 실천 원리들은 그 자체로 모두 동일한 종류의 것이며, 자기 사랑과 자기 행복이라는 보편적 원리에 속한다"(정리2, A40). '질료적 실천 원리'는 우리의 의지를 욕구 능력의 객관이 규정하는 경우를 말합니다. 그것은 기본적으로 우리에게 쾌를 주는 대상의 실존에 대한 욕망에 기초합니다. 그러므로 대상의 실존 표상에 의해 생기는 쾌는 주관의 수용성을 바탕으로 합니다. 다시 말해 쾌는 대상의 현존에 의존하는 것이기 때문에 그 현존을 지각하는 감관에 속하는 것이지 지성에 속하는 것이 아닙니다.

그러므로 쾌는 주관이 대상의 현실성에서 기대하는 쾌적감이 욕구 능력을 규정하는 동안만 실천적일 수 있습니다. 가령 세련된 옷(에 의한 쾌)을 원한다고 할 때, 이 옷의 부재는 우리의 의지를 작동시킵니다. 그런데 그 옷이 우리 수중에 충분히 있을 때(옷이 더 이상 쾌적감을 주지 않을 때) 우리는 더 이상 옷에 대한 욕망을 갖지 않습니다. 기본적으로 물질적 욕망은 그 양에 있어 한계를 갖는 법이죠. 동일한 주체에 대해서도 욕구 능력의 객관적 질료는 욕망의 대상일 수도 있고 아닐 수도 있습니다. 그래서 이런 욕망은 보편성과 필연성을 갖지 못하는 경험적인 차원에 그칩니다.

이성적 존재자의 현존에 부단히 수반하는 쾌적한 삶에 대한 의식을 '행복'이라 할 수 있습니다. 그리고 이 행복을 주체의 의사선택(choice)의 최고 규정 근거로 삼는 원리를 칸트는 '자기 사랑의 원리'라고 부릅니다. 따라서 의사선택의 규정 근거를 대상의 현실성으로부터 느끼는 쾌나 불쾌에 두는 질료적 원리들은 모두 자기 사랑의 원리와 행복의 원리에 속한다는 점에서 동일한 종류라 할 수 있습니다. 그러므로 여기서는 그 대상의 종류는 중요하지 않습니다. 그 어떤 대상이든 쾌를 주는 것에 반응한다면 우리는 행복의 원리에 종속되어 있는 것입니다. 맛있는 음식에 기쁨을 느끼든 지적인 독서에서 쾌락을 느끼든 칸트에게 그것은 모두 질료적 실천 원리들이고, 자기 행복의 원리에 속합니다.

질료적 실천 규칙은 하위 욕구 능력에 속한다

여기서 기존의 분류와 다른 칸트만의 위계가 새롭게 등장합니다. 그는 이렇게 규정합니다. "모든 질료적인 실천 규칙들은 의지의 규정 근거를 하위의 욕구 능력에 둔다. 그리고 의지를 충분하게 규정하는 순전히 형식적인 법칙이 전혀 없다면, 어떠한 상위의 욕구 능력도 인정될 수 없을 것이다"(계corollary, A41). 칸트는 여기서 욕구 능력에 있어 저급한 것과 고급스러운 것에 대한 위계를 새롭게 정합니다. 그동안 고귀한 욕구 능력과 저급한 욕구 능력의 구별은 그 욕망이 감각적인가 지성적인가 하는 점에 있었습니다. 다시 말해 주체의 쾌감과 결합해 있는 대상의 표상들이 감관에 기반해 있는 것인가 아니면 지성에 기반해 있는 것인가에 따라 결정되었던 것입니다.

가령 따뜻한 햇살에 대한 욕망이 하위 욕구 능력에 속한다면 세계의 원리에 대한 앎의 욕망은 상위 욕구 능력에 속한다고 생각해 왔던 것이죠. 지적인 욕망이나 예술적 관심이 성적 욕망이나 신체적 욕망에 비해 고차원적인 것으로 간주되어 온 것도 사실입니다. 그러나 칸트는 이런 구분법을 받아들이지 않습니다. 사실 욕구를 규정하는 근거가 쾌적함이라면 그 대상의 표상이 어디서 유래하는지는 중요한 것이 아닙니다. 이런 조건에서는 그 표상이 얼마만큼의 만족을 주는가 하는 양적 차이만이 두드러지기 때문입니다.

하나의 표상이 지성에 그 자리를 갖고 있긴 하지만 그 표상이 쾌감을 통해 주체의 의지를 규정한다고 생각해 보겠습니다. 이때 이 표상이 우리의 의사를 결정하는 것은 순전히 지성적 차원이라고 할 수 없습니다. 쾌감을 통해 우리의 내감을 촉발하지 않았다면 우리의 의지도 움직이지 않았을 것입니다. 다시 말해 '지적인 쾌감'과 같이 쾌감의 형태로 경험되기 때문에 그런 지적인 표상이 우리의 의지를 규정하는 것입니다. 이처럼 대상의 표상들은 감관의 표상일 수도 있고 지성의 표상일 수도 있으며 심지어 (신과 같은) 이성의 표상일 수도 있습니다. 하지만 저 표상이 의지의 규정 근거가 되는 쾌의 감정은 언제나 내감에 의해 경험적으로 인식됩니다. 어떤 표상이 쾌의 대상일지는 그것을 쾌로 경험하는 주체에 따라 달라집니다. 이런 관점에서 보면 표상의 위치의 차이는 중요하지 않습니다. 사실상의 차이는 욕구 능력을 자극해 생명력을 촉발하는 강도상의 차이입니다.

"그렇지 않다면 우리가 어떻게 욕구 능력을 가장 많이 촉발하는 규정 근거를 선택하기 위해 표상의 종류가 완전히 다른 두 규정 근거들을 양적으로 비교할 수 있겠는가?"(A42) 감관의 표상과 지성의 표상은 그 성격이 전혀 다릅니다.『순수이성비판』에서도 확인했듯이 감관이 직관 자료들을 받아들이는 수동성을 갖는다면 지성은 직관들을 종합하는 자율성을 갖습니다. 질적으로 서로 다른 표상이라면 양적인 비교 자체가 아예 불가능할 것입니다. 넓이와 부피를 서로 비교할 수 없는 것과 마찬가지죠. 그런데 우리는 실제로 우리를 촉발하는 것들에 대해 그 쾌감과 불쾌감의 정도를 측정하고 있고 비교하고 있습니다. 칸트의 사례를 보겠습니다.

누군가는 사냥하는 기회를 잃지 않기 위해 다시는 얻을 수 없는 배울 것 많은 책 읽기를 포기할 수도 있습니다. 식사 시간에 늦지 않기 위해 근사한 강연 도중 자리를 떠날 수도 있습니다. 도박의 스릴을 만끽하기 위해 평소에 그렇게 중시하던 이성적인 대화의 즐거움을 포기할 수도 있으며, 연극 입장권을 사기 위해 평소에는 기꺼이 적선하던 가난한 사람을 물리칠 수도 있습니다. 지적인 흥미보다는 사냥과 식사와 같은 감각적 쾌감을 선호하기도 하며, 적선과 같은 도덕적 쾌감보다 예술적 흥미를 높이 사기도 합니다. 우리 의지를 규정하는 표상들은 감각, 지성, 이성들로 다양하지만, 이 모든 것들은 쾌감의 차원에서는 양적인 비교 대상들입니다.

이처럼 의지를 규정하는 근거가 쾌와 불쾌라면 촉발되는 표상들의 질적 차이나 종류는 전혀 문제되지 않습니다. 얼마나 쉽게, 얼마나 오래, 얼마나 자주, 얼마나 강렬하게 그런 쾌감을 얻을 수 있는가 하는 점만이 중요할 뿐입니다. 삶의 쾌적함이 문제라면 지적인 표상이든 감각적인 표상이든 우리는 묻지 않으며 그것이 주는 즐거움의 양적 크기만을 따집니다. 질료적 실천 원리들은 표상의 출처나 그 질적 차이에 구애받지 않습니다. 그러므로 감각적 표상보다 지성적 표상을 중시하는 욕구 능력을 고차원적인 욕망으로 규정할 수 없다는 것이 칸트의 생각입니다. 지성적 표상일지라도 우리의 의지가 그런 대상이 주는 쾌감에 종속되어 있다는 점에서는 감각적 표상과 아무런 차이가 없기 때문입니다.

물론 단순히 힘을 쓰는 일보다 정신적 재능을 계발하는 데서 즐거움을 찾으면 품위 있는 기쁨이라고 할 수는 있겠습니다. 그런 노력이나 기쁨은 최소한 우리 통제력 안에 있고 소진되지도 않기 때문에 향유하면 할수록 더욱더 강화되는 즐거움이니 말입니다. 그렇다고 그것이 감관에 의해 의지를 규정하는 것과는 다르다고 말할 수는 없습니다. 실제로 에피쿠로스는 덕은 의지를 규정하기 위해 즐거움을 약속하는 것이라고 했습니다. 그리고 그는 이때 즐거움에는 감각적 즐거움만이 아니라 고급 인식 능력도 속한다고 보았습니다. 표상의 출처의 차이보다는 쾌감의 동일성을 본 것이죠. 그런 점에서 그는 우리 시대의 불성실한 절충주의자들보다는 훨씬 더 일관성 있는 철학자였던 셈입니다.

이처럼 쾌에 기반을 둔 질료적 실천 원리는 기본적으로 자기 행복의 원리에 속합니다. 그리고 자기 행복의 원리는 거기에 지성이나 이성이 얼마나 사용되었든 의지에 대해서는 하위 욕구 능력에 적합한 규정 근거만을 포함합니다. 지성적 욕망이나 이성적 욕망이 하위 욕구 능력이라면 도대체 상위 욕구 능력은 어디에 있으며 무엇에 근거해야 할까요? 우리 마음의 능력에는 인식 능력과 욕구 능력, 그리고 쾌/불쾌의 능력밖에 없다고 칸트는 말합니다. 인식 능력이 지성에 근거한다면 욕구 능력은 이성에 근거하며, 쾌/불쾌의 능력은 판단력에 근거합니다. 쾌/불쾌에 기초하지 않아야 하며, 동시에 지성적 표상이나 이성적 표상의 구별도 무의미한 것이라면 도대체 상위 욕구 능력을 어디서 찾아야 할까요?

바로 여기서 윤리적 사유에 있어 혁명적인 전환이 일어납니다. 상위 욕구 능력은 표상의 장소에 달려 있지 않습니다. 그것은 오히려 표상의 제거에 달려 있습니다. 칸트의 표현으로는 이렇게 됩니다. "순수이성은 어떠한 감정의 전제 없이도, 그러니까 항상 원리들의 경험적인 조건인 욕구 능력의 질료인 바 쾌적함과 불쾌적함의 표상들 없이도 실천 규칙의 순전한 형식을 통해 의지를 규정할 수 있는 것이어야만 한다"(A44). 의지를 규정하는 것이 어떤 표상이 아니라 그런 표상이 제거된 순수이성이어야 한다는 것, 다시 말해 표상이 제거된 이성의 순수한 형식에 의해 의지가 규정되어야 한다는 것, 이것이 상위 욕구 능력입니다. 이성이 행복이나 이기심에 대한 경향성(inclination)의 작용 없이 독자적으로 의지를 규정하는 한에서 상위 욕구 능력이라 할 수 있다는 것입니다.

칸트가 규정하는 상위 욕구 능력은 이제 정념적 욕구 능력과는 완전히 이종적인 것입니다. 정념적 욕구 능력은 감각적 표상이든 지성적 표상이든 어쨌든 쾌감으로 작동하는 표상들을 의지의 동력원으로 삼습니다. 그러나 칸트가 말하는 상위 욕구 능력은 쾌감과의 관계를 완전히 차단합니다. 쾌감과 관련된 것들은 아무리 고상한 것이라 할지라도 그저 행복의 원리이자 자기 사랑의 원리에 불과한 것입니다. 그리고 자기 사랑의 원리는 우리의 의지가 독립적이지 않음을, 다시 말해 자율적이지 않음을 드러내는 표지입니다. 의지의 자율성, 혹은 상위의 욕구 능력은 오직 이성이 순수한 이성으로서 우리의 의지를 독자적으로 규정하는 데 있을 수 있습니다. 사변이성이 대상에 종속되지 않고 스스로 인식 대상을 구성하는 종합 활동 속에서 입법적 능력을 발휘하듯이 실천이성도 직접의지를 규정함으로써 욕구 능력 속에서 자신의 입법적 능력을 발휘합니다.

행복의 원리는 보편적이지 않은 주관적 규칙이다

행복은 이성적이고도 유한한 모든 존재자가 필연적으로 구하는 것이죠. 그런 점에서 그런 존재자의 욕구 능력을 규정하는 근거가 됩니다. 유한한 존재자는 무엇인가를 필요로 하는 존재이고, 이 필요는 욕구 능력의 질료에 관계합니다. 욕구 능력의 질료란 행복을 추구하는 존재자들에게 쾌나 불쾌로 작동하는 그런 대상이 되겠습니다. 그렇다면 행복의 법칙과 같은 것이 있을 수 있을까요? 어떤 대상을 추구하고 어떤 방식의 삶을 살면 행복해질 수 있다는 그런 실천 규칙을 우리가 선험적으로 알 수 있을까요? 선험적인 실천 규칙이란 이미 '법칙'이겠습니다. 우리가 그런 법칙만 알 수 있다면 우리의 행복은 선험적으로 확보될 수 있겠습니다.

그러나 어떤 대상이 쾌를 줄지 아니면 불쾌를 안길지 그것은 당사자마다 다르게 경험할 수밖에 없습니다. 그러므로 쾌의 차원에서 보편적 쾌의 대상을 선험적으로 알 수는 없습니다. 그것이 법칙이라면 객관적인 것이어야 하므로 어떤 경우든 모든 이성적 존재자에 대해서 의지의 동일한 규정 근거가 되어야 합니다. 그러나 여기서 모든 주체가 행복을 바란다는 점을 들어 행복의 법칙이 보편적일 수 있다고 주장하면 곤란합니다. 물론 행복은 모두가 바라는 보편적인 목표입니다. 그러나 행복(더 정확히는 쾌)의 내용은 결코 보편적일 수 없습니다. 물질적 행복에 비중을 두는 사람도 있고 지적인 행복에 비중을 두는 사람도 있을 수 있습니다. 그러므로 여기서 말하는 행복 개념은 그저 모든 사람들이 행복을 바란다는 그런 주관적 규정 근거들에 대한 일반 명칭이지 보편적인 법칙 대상이 아닙니다.

행복을 어디에 둘지는 각자의 쾌/불쾌에 대한 특수한 경험과 감각에 달려 있을 것입니다. 심지어 동일한 주관이라 하더라도 감정의 변화에 따라 필요로 하는 행복도 매 순간 달라질 수 있습니다. 따라서 자연법칙으로서 모든 존재자가 행복을 필요로 한다는 이 주관적으로 필연적인 법칙은 각 주관마다 서로 다른 행복을 원한다는 점에서 객관적으로는 매우 우연적인 실천적 원리에 그칩니다. 행복의 보편 법칙, 혹은 행복의 보편적 실천 윤리는 존재하지 않습니다. 이는 그 기본 개념에 있어 애초부터 성립할 수 없는 불가능한 대상입니다.

그렇다면 왜 행복의 차원에서는 보편적 윤리가 발견될 수 없을까요? 짐작하겠지만 이는 "행복을 향한 욕구에서는 합법칙성의 형식이 아니라 오로지 질료가 문제가 되기 때문"(A46)입니다. 행복에서 찾는 것은 질료입니다. 즉 대상이 주는 감각적 쾌입니다. 그러므로 행복의 차원에서는 어떤 실천 규칙을 준수함에 있어 과연 얼마만큼이나 즐거움을 기대할 수 있는지가 문제됩니다. 양적으로 경험되는 즐거움을 줄 수 없다면 그 어떤 표상도 행복의 표상일 수 없습니다.

그러면 이런 이의를 제기할 수도 있겠습니다. 행복의 원리들도 자신의 쾌를 달성하기 위한 수단을 발견해 내는 데 있어 어떤 형식, 즉 보편적 규칙을 포함한다고. 가령 배고픔을 극복하기 위해 빵을 제조하는 사람들은 반드시 제분기를 고안해 내지 않는가 하고 말이죠. 그러나 이는 한낱 이론적인 원리들에 불과합니다. 이론적 원리들은 어떤 결과를 산출해 내기 위해서 필요한 가능한 행위 규칙을 지시합니다. 즉 결과(빵)를 승인한 바탕 위에서 그 원인(제분기)에 대한 행위 규칙으로 사용되는 것이 이론적 원리들입니다. 제분기를 위한 보편적 규칙은 어쨌든 빵이라는 목적에 종속된 원리입니다.

유한한 이성적 존재자들이 즐거움이나 고통의 대상에 대해 일치하는 수도 있겠습니다. 그러나 이런 일치는 순전히 우연에 불과합니다. 마찬가지로 쾌/불쾌의 대상을 위한 수단에 대해서도 예외 없이 일치할 수도 있지만 그것도 우연입니다. 어떤 대상이 우리에게 보편적으로 쾌의 대상일지 아니면 불쾌의 대상일지는 결코 선험적으로 결정할 수 없습니다. 이런 일치는 한 사람이 하품하는 것을 보고는 나도 모르게 따라하게 되는 경향성에 따른 것으로 그 어떤 선험적 필연성도 갖지 못한 물리적인 일치에 불과합니다. 이 우연성 때문에 자기 사랑의 원리는 실천 법칙일 수가 없는 것입니다. 실천 법칙은 반드시 객관적 필연성을 가져야 하며 이성에 의해 선험적으로 인식될 수 있어야 합니다.

4강 _ 형식의 차원에서 법칙을 발견하라

행복의 원리는 파괴적 결과를 낳는다

그러므로 다음과 같은 정리가 등장합니다. "만약 이성적 존재자가 그의 준칙들을 실천적인 보편적 법칙들로 생각해야 한다면, 그는 이 준칙들을 질료 면에서가 아니라 한낱 형식 면에서 의지의 규정 근거를 가지는 그런 원리들로서만 생각할 수 있다"(A48). 실천에 있어 '질료'는 다름 아닌 우리가 욕구하는 대상, 즉 의지의 '대상'으로 작용하는 것들을 가리킵니다. 어떤 대상(질료)은 우리의 의지를 촉발할 수도 있고 그렇지 않을 수도 있을 것입니다. 만약 이 대상이 의지의 규정 근거라면 각자 쾌적함을 느끼는 대상이 다를 것이므로 의지의 규칙은 경험적 조건에 종속될 것이고 실천 법칙의 형태를 갖추지 못할 것입니다.

그렇다면 실천 법칙의 형태를 위해서는 어떤 조건이 필요할까요? 의지를 규정하는 것이 '질료'가 되지 않도록 만들면 되지 않을까요? 우리가 법칙에서 모든 질료를, 다시 말해 의지의 규정 근거가 되는 일체의 대상을 떼어 내면 됩니다. 그렇게 되면 무엇이 남을까요? 의지를 규정하는 질료, 즉 내용을 제거했으니 질료의 자리가 공백이 되었습니다. 이제 의지를 규정하는 것은 공백이 됩니다. 그렇다면 이 공백은 무엇일까요? 칸트는 이를 '형식'이라고 부릅니다. "우리가 법칙에서 모든 질료를, 다시 말해 의지의 (규정 근거로서) 일체 대상을 떼어 내고 나면 보편적 법칙 수립의 순전한 형식 외에 법칙에 남는 것은 아무것도 없다"(A48).

　칸트의 윤리적 형식주의가 서서히 그 모습을 드러내고 있습니다. 질료가 의지를 규정할 때 실천의 영역에 있어 우리 이성은 입법적일 수 없습니다. 쾌를 주는 대상들에 우리의 의지가 종속되는 것이죠. 따라서 대상과 질료를 제거할 필요가 있습니다. 이때 이성은 실천적 영역에서 자신의 입법권을 회복합니다. 이에 따라 실천적 차원에서 칸트는 이성적 존재자를 두 부류로 나눕니다. 자신의 준칙들을 질료적 원리들에 맞추느라 보편적인 법칙들을 전혀 생각할 수 없거나, 준칙을 보편적 법칙 수립의 원리에 맞춰 형식을 바탕으로 준칙의 법칙화를 달성하거나.

그렇다면 관건은 우리의 준칙이 보편적 법칙 수립에 적합한지 그것을 우리가 어떻게 알 수 있는가 하는 점이겠습니다. 행복의 원리는 이성적 존재자의 근원적 필연성입니다. 따라서 행복해지고자 하는 것은 굳이 배울 필요도 없겠습니다. 다만 행복해질 수 있는 처세의 원칙에 대해서는 누군가의 가르침이 필요할 수도 있겠지만요. 그러나 질료를 제거한 법칙 수립의 순전한 형식이라는 것을 우리는 어떻게 알 수 있을까요? 실천적인 수준에서 너무 복잡하고 고차원적인 원리는 아닐까요? 그런 윤리라면 아무래도 우리의 실천적 준칙이 되기는 어려워 보입니다.

그러나 칸트는 놀라운 얘기를 합니다. 그건 그렇게 어려운 기술이나 이론이 아니라고. "준칙에서 어떠한 형식이 보편적 법칙 수립에 적합하고, 어떠한 형식이 적합하지 않은가를 보통의 지성[상식을 가진 사람]은 배우지 않고서도 구별할 줄 안다"(A49). 어떤 것이 그저 준칙에 그치는지 아니면 보편적 법칙 수립인지 상식적 지성도 알 수 있다고 합니다. 이 말은 아주 복잡한 계산과 추론을 거쳐야만 저 법칙의 보편성에 도달할 수 있는 게 아니라는 말입니다. 칸트가 거론한 예를 통해 이 문제를 살펴보겠습니다.

'가능한 모든 안전한 수단을 동원해 재산을 키운다'는 것을 우리의 준칙으로 삼고 있다고 해보겠습니다. 그런데 지금 우리에게 누군가 아주 고가의 물건을 맡겼습니다. 그러고 나서 물건을 맡긴 원 소유주는 죽고 그가 물건을 우리에게 맡겼다는 문서조차 남아 있지 않은 상황입니다. 이런 상황이야말로 말할 필요도 없이 우리의 준칙을 적용할 경우이겠습니다. 저 고가의 물건에 대한 소유주가 사망했고 위탁품이라는 증거도 없으니 그것을 우리의 재산으로 만들어야 합니다. 우리는 이제 우리의 준칙이 보편적 실천 법칙으로서도 타당한지 알아야 합니다. 그러면 우리의 준칙을 실천하면서도 아무런 죄책감도 없이 떳떳할 수 있기 때문이죠.

우리는 내심 이렇게 자문합니다. 위탁품이라는 사실을 아무도 증명할 수 없는 위탁품에 대해서는 그것이 위탁된 것이라는 사실을 부정해도 좋다는 그런 법칙을 수립할 수 있는가? 그러나 우리는 곧 깨닫게 됩니다. 그것도 어려운 추론 과정 없이 깨닫습니다. 위탁품이라는 증거가 언제든 사라질 수 있고 위탁품이라는 사실조차 언제든 부정될 수 있다면 도대체 누가 위탁이라는 행위를 하려고 할 것인가? 위탁품이라는 사실을 증명할 수 없는 위탁품에 대해서는 언제든 가로채도 좋다는 것이 보편적으로 허용된다면 위탁이라는 것 자체가 아예 사라지지 않겠는가? 이처럼 우리의 상식적 지성은 이러한 준칙은 법칙으로서 성립할 수 없다는 사실을 쉽게 깨닫습니다.

실천 법칙은 보편적 법칙 수립을 위한 자격을 갖추어야 합니다. 만약 우리의 의지가 실천 법칙 아래 있다고 한다면 탐욕과 같은 경향성은 우리의 의지를 촉발하는 것일 수 없습니다. 왜냐하면 위에서도 봤듯이 탐욕(위탁품 가로채기)을 인정한 바탕 위에서 위탁의 보편성을 실현하려는 행위 자체가 이미 위탁 자체를 부정하고 말았기 때문입니다. 경향성에 입각한 준칙은 보편적 입법 형식이 될 수 없습니다. "이것은 보편적 법칙 수립에 알맞기는커녕 오히려 이것이 보편적 법칙의 형식을 취하면 자기 자신을 분쇄해 버릴 수밖에는 없기 때문이다"(A50).

행복에 대한 욕구는 모두의 준칙입니다. 그리고 이것은 자연의 법칙입니다. 하지만 행복의 원리는 보편적인 실천 법칙일 수 없습니다. 앞에서도 봤듯이 경향성과 보편 법칙은 상충합니다. 그런 점에서 칸트는 이런 행복에 대한 욕구를 보편적인 실천 법칙으로까지 내세우려고 했던 사려 깊은 철학자들(특히 에피쿠로스 학파)이 있었다는 사실에 놀라워합니다. 왜냐하면 행복에 대한 욕구라는 자연법칙은 모든 사람에게 동일하게 적용되는 준칙이지만 그런 경향성의 실천적 법칙화는 오히려 전혀 반대의 결과를 낳기 때문입니다. 다시 말해 모든 사람이 행복해지는 게 아니라 그 일치의 극단적 반례, 즉 준칙과 의도 사이의 최악의 상충과 그 의도의 완전한 절멸을 낳는 것입니다.

행복해지고 싶다는 모두의 소망과 준칙 아래에서 모든 사람의 의지는 동일한 대상(행복)을 갖는 게 아니라 각자 자기만의 대상(자신만의 안녕)을 갖는 법입니다. 만약 돈이 행복을 주는 것이라면 이 돈에 대한 동일한 욕망은 오히려 행복의 극도의 차별성, 즉 모두의 전쟁을 낳기 마련입니다. 질료적 원천에 입각한 준칙은 그 어떤 방식으로도 보편성을 확보해 주지 않습니다. 흄이 알려줬듯이 심지어 이웃에 대한 우리의 공감(sympathy)에도 공평성은 없습니다(들뢰즈, 『경험주의와 주체성』, 57~58쪽). 가까운 이웃과 먼 이웃이 있고, 이 편파성은 다시 특수성들의 불화와 폭력만을 낳을 뿐입니다.

설령 이런 경험적인 조건에서 그 의도가 서로 일치하는 경우가 있다 하더라도 그것은 부정적인 일치에 불과할 것입니다. 서로의 행복을 원하는 의도가 아니라 서로를 파괴하고자 하는 의도에서나 일치를 보겠죠. 검은 돌과 흰 돌이 파란 돌이 아니라는 점에서만 서로 일치하듯이 말이죠. 서로의 파괴를 꿈꾸는 부부의 마음이 일치하는 상황을 조소하는 다음의 시를 보죠. "오, 놀라운 조화여, 그 남자가 하려 하는 것을 그 여자도 하려 하는구나." 이탈리아 지역 통치권을 두고 네 차례나 전쟁을 벌인 프란츠 1세 왕이 카알 5세 황제에게 한 서약은 이렇습니다. "나의 형제 카알이 갖고자 하는 것(즉 밀라노)을 나 또한 갖고자 한다"(A50). 따라서 경험적 규정 근거들은 서로 다른 주관을 경향성의 기초에 두고 있는 한 어떠한 보편적인 법칙 수립에도 쓸모가 없습니다. 이런 경향성 모두를 전면적으로 합치하게 하는 법칙을 발견하는 것은 절대적으로 불가능합니다.

형식에 의해 규정되는 자유의지

그렇다면 경향성에 입각한 준칙을 대신해 우리가 채택해야 할 준칙은 어떤 것일까요? 그리고 그런 준칙을 채택하기 위해서는 어떤 과정이 필요한 것일까요? "준칙들의 순전한 법칙 수립적 형식만이 의지의 충분한 규정 근거라는 것을 전제하고 그것에 의해서만 규정될 수 있는 의지의 성질을 발견하는 일"(과제1, A51). 우선 질료에 의해 규정되지 않는 의지가 무엇인지 알아야 한다고 칸트는 말합니다. 그 전에 형식과 관련해 파악해 볼 것이 있습니다.

　법칙의 순전한 '형식'은 쾌/불쾌를 바탕으로 하는 경험적 대상에 의존하지 않습니다. 그렇다면 이 형식은 어떻게 포착되는 것일까요? 감각은 직관의 질료들을 처리하는 기관입니다. 따라서 형식은 감각적 대상일 수 없습니다. 그리고 질료가 아니기 때문에 형식은 우리의 경험 현상들에 속하는 것일 수도 없습니다. 그러므로 형식은 자연의 인과법칙적 사건과는 아무런 관련도 없습니다. 자연의 인과는 철저히 경험적 현상들에만 관련된다는 것이 『순수이성비판』의 주장입니다. 형식은 감각적 질료도 아니며, 그런 경험적 현상들과 관련하여 자연인과를 파악하는 지성의 영역에도 존재하지 않습니다. 따라서 형식은 오로지 '이성'에 의해서만 표상될 수 있습니다. 원래 이성은 경험할 대상을 갖지 않은 우리 마음의 능력입니다. 그것은 전체성과 무조건자를 추리하는 특정한 인식 능력에 해당됩니다. 특히 신이라든지 자유라든지 하는 경험 초월적(transcendent) 영역에 대해서 인식을 확장하려는 경향을 갖는 것이 이성의 특성이었습니다. 앞에서 가언명령이 조건적이라면 정언명령은 무조건적이라고 했습니다. 이 무조건성, 이것이 바로 이성의 활동 영역입니다. 그러므로 실천 '법칙'의 '형식'은 이성에 의해서만 드러날 수 있습니다.

　이제 '의지'에 대해 살펴보겠습니다. 현상들 상호 간의 인과법칙은 질료적 차원에서 작동하는 것입니다. 이런 질료를 제거해야 하는 법칙의 '형식'은 당연히 인과법칙으로부터 독립적이어야 합니다. 가령 갈증이 나면 물을 찾는 것은 자연적 인과인데, 이 과정에서 주관적 의지는 물이라는 경험적 질료가 주는 갈증 해소라는 만족감을 목표로 합니다. 즉 물을 찾는 실천적 행위의 동기는 갈증에서 벗어나고자 하는 욕망인데, 여기서 문제는 이 욕망(의지)이 갈증이라는 외적인 원인에 의해 추동되었다는 것입니다. 이처럼 자연의 인과 속에서 의지는 행위의 자발적 원인이 아닙니다.

그런데 의지를 규정하는 것이 법칙의 순전한 형식이라면 이때 우리는 자연인과의 영역 바깥을 사유해야 합니다. 의지가 작동하기는 하지만 그것이 오직 형식에 의해서만 작동한다면 우리는 여기서 이상한 현상을 발견하게 됩니다. 이때 의지는 현상들의 자연법칙으로부터 독립적이기 때문에 '자유'의 상태에 처하게 됩니다. 즉 자유로운 의지가 생겨나는 것입니다. 의지는 형식의 지배를 받을 때만 자유롭습니다. 아니 의지는 형식의 지배 속에 있을 때만 스스로 의지합니다. 의지를 규정하는 형식이란 곧 의지의 자유입니다.

"그러한 독립성은 그러나 가장 엄밀한, 다시 말해 초월적 (transcendental) 의미에서 자유라 일컫는다. 그러므로 준칙의 순전한 법칙 수립적 형식이 오로지 법칙으로 쓰일 수 있는 의지는 자유의지이다"(A51~52). 여기서 '초월적 자유'란 심리적으로 경험하는 자유가 아니라 인과에 종속된 자연 현상계 너머의 예지계에서만 가능한 선험적 자유를 뜻합니다. 복잡한 회사 생활을 피해 한적한 카페에서 느끼는 그런 자유의 감각과는 관련이 없다는 뜻입니다. 아무런 간섭도 없고 누구의 지배도 받지 않는 심리적 자유는 칸트가 말하는 자유가 아닙니다. 우선 이 자유가 확보되는 과정만을 『순수이성비판』 변증학의 세번째 이율배반을 통해 간략히 설명하고, 심리적이지 않은 자유에 대해서는 나중에 더 자세히 살펴보겠습니다.

칸트는 세번째 이율배반에 관한 장에서 자연인과와 자유인과가 경합함으로써 이율배반에 빠질 때 이를 해결하는 방법으로 현상계와 예지계를 나눌 것을 제안합니다. 그 이율배반은 이렇습니다. '자연의 법칙에 따르는 인과성은 그것으로부터 세계의 모든 현상들이 도출될 수 있는 유일한 원인성이 아니다. 현상을 설명하려면 그 외에 자유에 의한 원인성을 상정해야 한다'(정립). '자유란 없다. 세계의 만상은 자연의 법칙에 따라 생겨난다'(반정립). 정립과 반정립의 두 주장은 팽팽히 맞섭니다. 그렇다고 둘 모두 잘못된 주장은 아닙니다. 그렇다면 이 두 주장을 모두 옳게 만드는 방법은 무엇일까요? 칸트는 현상계가 우리가 경험하는 세계라면(자연인과성) 우리의 경험 바

깔에는 초감성적인 물자체의 세계, 즉 예지계의 세계가 있다(자유인과성)고 상정하면 된다고 합니다.

그런 점에서 초감성적 세계에서 성립하는 자유는 우리가 심리적으로 경험할 수 있는 현상계와는 차원이 다른 자유, 그래서 초월적 자유라고 말합니다. 그런데 칸트는 『순수이성비판』에서는 그 초월적 자유의 세계가 가능할 수 있다는 것까지는 얘기하지만, 그것이 어떤 것인지 사변적으로는 파악할 수 없다고 한 발 물러섭니다. 만약 이 자유를 사변적으로 인식하고자 하면 그것 자체가 변증적 가상이 되고 말기 때문입니다. 초감성적 영역에 대해서는 사변이성에 의해 그 객관적 실재성을 확인할 수 없습니다. 대신 그 자유가 가능할 수 있을 것이라는 단서만 남겨둡니다. 그런데 이제 '실천이성'이 바로 저 초감성적인 초월적 자유를 다룰 수 있게 된 것입니다. 자유는 오직 실천적으로만 그 객관적 실재성을 획득할 수 있다는 것이 칸트의 일관된 주장입니다.

이제 자유로운 의지가 있을 수 있게 됩니다. 의지가 의지 바깥의 동기들, 즉 행복을 결정하는 쾌의 질료들에 의해 지배될 때 주관의 경험에 따라 준칙으로 사용할 것들이 달라질 것이므로 그럴 때 준칙은 법칙의 형식을 취할 수 없습니다. 따라서 법칙이 되고자 한다면 의지는 의지 이외의 질료들로부터 독립해야 하는데, 그것은 자연인과의 세계 자체로부터의 독립 이외에는 불가능할 것입니다. 이것이 바로 초감성적 세계에서 가능한 의지의 초월적 자유입니다. 우리는 질료에서 시작해 형식을 거쳐 자유에 도달했습니다.

자유의 인식 근거로서의 도덕법칙

여기서 두번째 과제가 생겨납니다. "의지가 자유롭다는 것을 전제하고서 이 의지를 오로지 필연적으로 규정하는 데 쓸모 있는 법칙을 발견하는 일"(과제2, A52). 한마디로 도덕법칙을 찾아야 합니다. 자유의지는 경험적인 조건들에 대해 독립적으로 규정되어야 하므로 법칙에서 질료를 제하면 남는 것은 법칙 수립적 '형식'밖에 없습니다. 따라서 법칙 수립적 형식은 그것이 준칙 안에 함유되어 있는 한에서 의지의 규정 근거를 이룰 수 있는 유일한 것입니다. 다시 말해 의지가 자유롭다는 것은 그 의지가 여러 경험적인 질료들이 아니라 오직 형식의 체계만을 갖는 법칙에 의해서 규정된다는 말입니다. 이때 형식의 체계란 개인이 행동의 근거로 삼는 실천 원리가 특수한 목표가 아닌 '보편적인 기준'일 때를 말합니다(김도균, 「칸트와 법치주의: 법률, 법, 실천이성」 참조). 개인이 스스로 의욕한 '보편적 규범'에 따라 행동하는 것이죠.

보편적인 도덕법칙 대신 개인적 준칙에 머무는 것은 모두 자기 행복을 원리로 하는 질료적 규칙입니다. 그렇다면 행복을 위해서만 작동되는 의지는 가언적 명령에 지배된 의지라 부를 수 있겠습니다. 이렇게 자유롭지 못한 의지는 자기 행복이라는 조건적 준칙에 종속된 의지이겠습니다. 그렇다면 준칙이 아닌 실천 법칙은 감성적 조건에서 벗어나 전적으로 자유에 근거해야 한다는 결론에 이르게 됩니다. "그러므로 자유와 무조건적인 실천 법칙은 상호 의거한다"(A52). 말을 바꾸면, 자유와 정언명령은 상호적이라고 하겠습니다.

그렇다면 상호 의거한다는 것은 무슨 뜻일까요? 둘의 관계는 정확히 어떻게 될까요? 자유에서 출발해 무조건적인 실천 법칙을 인식하는 것일까요? 아니면 실천 법칙에서 출발해 자유를 인식하는 것일까요?『순수이성비판』에서 밝힌 대로 우리는 '현상'들의 법칙(자연의 기계성)만을 인식할 뿐 그 영역을 벗어난 예지계적인 초감성적인 자유를 직접 인식 대상으로 삼을 수는 없습니다. 그것은 '물자체'란 우리가 경험하는 '현상'으로 환원될 수 없다는 점에서, 즉 우리의 경험 세계가 현상계에 국한되어 있다는 점에서 도출되는 결론이었습니다. 현상이 아닌 사물 그 자체에 대해 우리는 인식할 수 없고 따라서 그것에 대해 사변적으로 규정할 수도 없습니다.

그런 점에서 사실 자유에 대한 개념 규정은 그 자유라는 것이 있을 수는 있겠다는 정도의 소극적인 것이었습니다. 경험은 우리로 하여금 현상들의 법칙만을, 다시 말해 자유와는 정반대되는 자연의 기계성만을 인식하게 하므로 경험에서 자유라는 것을 추리할 수가 없습니다. 무조건적인 실천 법칙은 자유에서 출발할 수가 없습니다. 자유는 인식되지 않는 것이므로 인식되지 않는 것으로부터 실천 법칙을 도출해 낼 수가 없는 것입니다. 우리 의지의 준칙이 어떠해야 하는가를 개략적으로 그리자마자 우리에게 직접적으로 의식되는 것은 자유가 아니라 사실 도덕법칙입니다. 다시 말해 앞에서 자유에 대해 다루기는 했지만 우리가 그 자유를 직접 인식한 것은 아닙니다. 우리는 자유를 직접 얘기할 수 없습니다. 자유로부터 도덕법칙에 이르는 길은 막혀 있습니다.

그러므로 우리는 반대의 길을 찾아야 합니다. 우리는 최소한 도덕법칙이 순전히 형식적 체계여야 한다는 것은 밝혀 냈습니다. 이 말은 이 도덕법칙이 어떤 감성적 조건에 의해서도 지배되지 않는 독립적인 규정 근거라는 사실에 다름 아닙니다. 우리가 도덕법칙을 확인한다는 그 자체만으로도 우리는 자유의 개념에 이를 단서를 찾은 것입니다. 질료를 제외한 형식적 체계로서의 도덕법칙은 초월적 자유, 즉 자유의지를 전제했습니다. 도덕법칙이 작동하는 한 우리의 의지가 자유롭다는 말입니다. 따라서 도덕법칙을 확립하고 도덕법칙을 규정하는 것이 중차대한 작업입니다.

그렇다면 저 도덕법칙에 대한 의식은 어떻게 가능할까요? 다시 말해 우리에게는 경향성에 굴복하는 의지 말고도 도덕법칙에 대한 자유의지가 있다고 어떻게 확신할 수 있을까요? 앞에서 살펴본 대로 우선 이론적으로는, 모든 경험적 조건들을 격리하지 않으면 법칙에 이를 수 없다는 점에 주목함으로써 우리의 이성은 의지를 형식에 입각해 규정하는 순수한 실천 법칙을 도출해 낼 수 있었습니다. 그리고 순수 실천 법칙에 대한 인식은 우리로 하여금 순수의지에 대한 개념으로도 안내합니다. 법칙이 질료 없이 형식만으로 규정할 때 그 의지는 다른 (행복의) 질료 없이 규정되는 자유로운 의지가 되었던 것입니다. 이렇게 형식적인 실천 법칙은 우리로 하여금『순수이성비판』에서는 사실상 여러 변증적 가상의 문제를 일으켰던 자유 개념을 도입할 수 있게 합니다. 만약 도덕법칙이 실천이성과 더불어 자유에 이르지 못했다면 우리는 자유를 학문 안에 결코 끌어들일 수 없었을 것입니다. 그리고 그저 사변이성에 의해 소극적으로만 규정되는 개념 정도로 파악할 수밖에 없을 것입니다. 사변이성의 한계였던 자유는 이렇게 초월적으로만 가능하고 이는 도덕법칙에 의해서만 확인할 수 있는 것입니다.

하지만 이론적인 것만으로 실천적 과제를 다 보여 주었다고 할 수는 없습니다. 우리는 현재 윤리적 실천의 영역에 있습니다. 따라서 구체적 경험을 통해 우리가 경향성을 이겨 낼 수 있고, 따라서 도덕법칙에 따라 살고 있다는 것을 입증해야 합니다. 칸트는 다음과 같은 사고실험을 해봅니다. 어떤 사람이 성적 쾌락의 경향성에 대해 자신은 도저히 저항할 수가 없다고 하소연을 하고 있습니다. 자신의 성욕 때문에 도덕적으로 사는 일이 아예 불가능하다고 말하고 있는 것입니다. 이에 대해 '향락은 누려라, 대신 집 앞에 교수대를 설치해 놓겠다'고 하면 어떻게 될까요? 향락을 누린 대가로 죽어야 한다는데도 자신의 경향성을 억누를 수 없을까요?

아무리 쾌락에 대한 경향성이 강하다고 하더라도 살고 싶다는 욕망보다야 강할 수 없겠죠? 물론 목숨을 걸고 성적 쾌락을 관철하는 사람이 있다면 칸트의 주장도 재검토해 볼 필요가 있기는 하겠습니다. 어쨌든 그런 가능성은 없다고 접어 두고 다음의 사례를 보겠습니다. 쾌락의 욕망도 목숨을 걸 만큼 큰 것이 아니라면, 다시 말해 목숨만큼 소중한 것이 없다면 도덕법칙 앞에 이 목숨을 바치는 경우는 어떨까요? 목숨을 아끼는 이 사람에게 군주가 다음과 같은 거래를 제안합니다. 제거해 버리고 싶은 정적이 있는데 그를 궁지로 몰아넣을 수 있는 거짓 증언만 해주면 그대의 목숨은 살려주겠다고.

어떨까요? 살기 위해 거짓말을 할까요, 아니면 목숨을 바쳐서라도 진실을 말할까요? 물론 단정할 수는 없습니다. 하지만 그가 최소한 '그저 살아남기 위해 동료를 사지로 몰아넣을 수는 없지 않은가' 하고 심각하게 번뇌하리라는 것만은 확실합니다. 그렇다면 이런 '고뇌'는 왜 생겨난 것입니까? 목숨이 걸린 위태로운 순간에 자신의 목숨을 지키기 위해 단호히 결정하지 않고 고뇌한다는 것은 그 목숨보다 더 소중한 무엇이 그의 뇌리를 스치고 지나갔다는 것을 의미하는 게 아닐까요? 살고 싶다는 경향성의 준칙과 동시에 거짓말을 해서까지 구차하게 살아서는 안 된다는 도덕법칙이 그의 내면에서 동시적으로 울려 퍼지고 있었던 것이겠죠.

"그래서 그는 무엇을 해야 한다고 의식하기 때문에 자기는 무엇을 할 수 있다고 판단하며, 도덕법칙이 아니었더라면 그에게 알려지지 않은 채로 있었을 자유를 자신 안에서 인식한다"(A54). 그의 고뇌가 바로 도덕법칙에 의한 자유의 표현입니다. 목숨에 대한 애착에 종속되었더라도 고뇌하고 있다는 것은 그 애착에서 최소한 자유로워진 순간이 있었다는 말입니다. 이처럼 우리는 자유를 먼저 경험하는 게 아닙니다. 대신 도덕법칙을 통해 자유로운 상황에 놓이게 됩니다. 그리고 도덕법칙은 언제나 우리의 준칙 주위에 머물면서 우리를 고뇌에 처하게 합니다.

5강 _ 정언명령의 매력

절반만 말해진 명령의 심연

세 가지 정리와 두 가지 과제를 통해 드디어 정언명령이 도출됩니다. "너의 의지의 준칙이 항상 동시에 보편적 법칙 수립의 원리로서 타당할 수 있도록 그렇게 행위하라"(A54). 칸트는 이를 '순수실천이성의 원칙'이라고도 부릅니다. 이 명제를 분석해 보면 의지, 준칙, 보편적 법칙의 원리, 행위와 같은 핵심 개념들이 등장합니다. 이 개념들을 중심으로 명제를 다시 조립해 보면 이렇게도 말할 수 있겠습니다. '너의 의지를 규정하는 행위의 준칙은 언제나 보편적 법칙의 원리여야 한다.'

특이한 사실은 정언명령이 행위의 내용을 지시하지 않는다는 것입니다. 명령인데도 불구하고 그저 행위의 형식만을 지시하고 있을 뿐입니다. 그리고 그 형식의 핵심은 보편성입니다. 개인적인 행위의 준칙이라 할지라도 보편성을 확보해야 한다는 것입니다. 순수실천이성의 원칙으로 쓰일 수 있는 '준칙'은 보편성이 있는 준칙이어야 합니다. 다시 말해 보편성의 형식을 확보할 수 있는 준칙을 채택할 것을 요구하고 있는 것입니다. 그러므로 준칙의 내용은 그 무엇이 되든 상관없습니다. 진실해야 한다는 의무든 이웃을 도와야 한다는 의무든, 그 어떤 의무든 그것이 보편성의 형식을 확보하지 않으면 윤리적일 수 없다고 말하는 것입니다. 다시 말해 진실하다든지 이웃을 도왔다든지 하는 내용의 측면에서는 그 어떤 윤리성도 확보할 수 없다는 말입니다. 정말 독특한 윤리관입니다.

그런 점에서 보면 정확히 어떤 행위를 하라고 명령한 것이 아니고 행위의 형식을 지시한 것이므로 이 정언명령은 사실 반쪽만 말해진 명령입니다(주판치치, 『실재의 윤리』, 252쪽). 그렇다면 나머지 반쪽은 어떻게 해야 할까요? 그것은 주체에게 남겨진 몫입니다. 주체가 스스로 나머지 반쪽을 채우지 않으면 안 된다는 얘기입니다. 정언명령인데도 불구하고 그 명령의 형식성 때문에 주체는 명령에 대해 맹목적으로 추종하는 기계적 상태에 있을 수 없습니다. 그런 점에서 보면 정언명령의 형식은 기본적으로 주체를 배제하지 않으며 주체가 사라질 수도 없는 구조라고 생각해야 합니다. 이것이 칸트의 정언명령과 형식주의적 윤리의 핵심적 특성이라고 생각됩니다.

어떻게 보면 정언명령의 무조건성과 주체의 자유는 모순적인 측면이 있다고 볼 수도 있습니다. 하지만 칸트는 이 외면적인 모순이야말로 주체의 자유를 그 심연 속에서 단적으로 확보하는 것이라고 간주하는 듯합니다. 이 두 가지 항목을 중심으로 정언명령이 지배하는 상태를 살펴보도록 하겠습니다 (A55~57). 칸트는 순수실천이성의 원칙은 무조건적이라고 다시 한 번 강조합니다. 그래서 정언적인 선험적 실천 명제로 표상됩니다. 이런 원칙이 지배하는 장면은 우리의 의지가 단적이고도 직접적으로 법칙인 실천 규칙 자체에 의해 객관적으로 규정되는 상태입니다. 여기서는 감성이나 지성이 개입할 수 없습니다. 의지를 규정하는 다른 감각적 질료나 경험적 현상들이 존재하지 않기 때문입니다. 오직 이성만이 법칙 수립적입니다.

윤리적 상황은 의지가 경험 조건들로부터 독립한 순수한 의지로서 오직 법칙의 순전한 형식에 의해서만 규정되고, 심지어 이 규정 근거가 모든 준칙들의 최상의 조건으로 간주되는 일입니다. 우리는 이런 사태가 충분히 진기한 일이라는 사실에 깊은 관심을 기울여야 합니다. 경험적 질료에 의해 지배되는 다른 실천 인식에서는 전혀 없는 일이기 때문입니다. 지금까지 우리의 의지를 지배했던 감각적 질료들이 사라지고 이제 법칙의 형식만이 우리 의지를 지배합니다. 가령 '진실하라'는 명령에 따를 때 우리의 의지가 이 명령의 순전한 형식에 충실한지 아니면 거기에 다른 정념적 동기들이 개입해 있는지 확인해야 합니다.

정념적 동기들이 '진실하라'는 명령에 개입할 때 우리는 상당한 고뇌에 빠지게 됩니다. 아니 그 반대로 얘기해야 하겠습니다. 우리는 고뇌하면서 자신이 정념적 동기에서 헤어나오지 못하고 있다는 사실을 깨닫게 됩니다. 이 깨달음은 바로 저 법칙의 순전한 형식으로 주어진 정언명령 때문입니다. 우리는 윤리적 상황을 마주할 때마다 저런 정언명령을 의식하게 됩니다. 칸트는 이런 근본법칙에 대한 의식을 "이성의 사실"이라 부릅니다. 이성은 개념에 의해 판단하는 지성과 달리 원래 추리하는 능력을 갖고 있습니다. 결과들의 원인을 그 궁극적인 지점까지 추궁해 들어가는 것도 이성의 본성입니다. 그리하여 절대적 무조건자, 최초의 원인, 즉 신과 같은 절대자에 도달하는 것입니다.

그러나 이런 추리는 사변이성의 영역 내에서일 뿐입니다. 실천적 영역에서 이성은 더 이상 추리하지 않습니다(들뢰즈, 『칸트의 비판철학』, 58쪽). 이 근본법칙은 자유의 의식으로부터 추론적으로 도출되지도 않고 그 어떤 직관에 의해서도 간접적으로 파악될 수 없습니다. 그것은 경험되는 사항이 아닙니다. 우리의 정념적 조건 이전에 존재하면서도 정념적 준칙과 동시에 부인할 수 없는 '사실'처럼 우리에게 떠오르며 고지하는 그런 것입니다. "이 법칙을 주어진 것으로 오해 없이 보기 위해서는 우리는 그것이 경험적 사실이 아니라 이 법칙을 통해 자신이 근원적으로 법칙 수립적임 ── 내가 의욕하는 것을 나는 명령한다 ── 을 고지하는 순수이성의 유일한 사실임을 명심해야 한다"(A56).

이 정언명령은 선험적인 명제입니다. 경험을 통해 구성되는 것도 아니고 논리적 추론에 의해 도출된 것도 아닙니다. 그것은 우리의 경험 이전에 선험적으로 존재하는 절대적인 명령입니다. 다른 말로 하자면 여기서 순수이성은 자신이 근원적으로 법칙 수립적임을 고지합니다. 감성도 지성도 아닌 이성 자신이 의지에게 명령하는 것이 바로 정언명령입니다. 칸트는 이 상태를 더 실감 있게 나타내기 위해 "우리에게 닥쳐오는"(thrusts itself upon us) 것이라고 표현하기도 합니다. 이 순간은 상당히 기묘합니다. 우리는 지금 행위의 '준칙'을 찾고 있습니다. 준칙은 주관적이고 개인적입니다. 그런데 저 도덕법칙은 보편적이고 객관적입니다. 주관적인 준칙이 보편적인 법칙과 합일하는 상태, 이는 우리의 의도에 따른 것이 아니라 수동적으로 닥쳐오는 이성의 사실입니다. 우리는 우리의 의도와 상관없이 저 도덕법칙의 세례를 받습니다.

칸트에게서 더 이상의 자세한 설명은 찾아보기 어렵지만 우리는 이 닥쳐오는 이성의 사실과 관련하여 우리가 경험하는 그 수동성에 주목해 볼 필요가 있겠습니다(강지영, 「정언명령의 객관적 실재성 증명─칸트의 "이성의 사실"을 중심으로」 참조). 원래 맹목적 욕망을 제외하고 개인적 준칙을 수립하는 경우 우리의 내면에는 이미 그에 대한 보편화 작업이 포함되기 마련이라고 합니다. 우리가 어떤 준칙을 수립할 때를 가만히 떠올려 보면 됩니다. 과연 이런 행위를 해도 좋은가 하는 '반성'이 개입되지 않는 그 어떤 준칙의 채택도 있을 수 없습니다. 더 쉽게 표현하면, '이래도 될까?' 하는 의심이 그런 반성의 일종입니다.

이처럼 하나의 행위 준칙을 수립할 때 우리는 '이미' 선험적 보편성과 대조하는 작업을 (무)의식적으로 수행하고 있는 셈인데, 물론 이때 대조작업에 쓰이는 선험적으로 존재하는 원리(도덕법칙, 정언명령)를 그 구체적 내용이나 형태상에서 우리가 명확히 인지하고 있는 것은 아닙니다. 그러나 이 자기 반성 작업에 쓰이는 원리를 일정한 명제나 체계의 형태로 정돈

하게 되면 위에서 말한 정언명령의 형식이 된다는 것이 칸트의 생각이라 할 수 있겠습니다.

정언명령은 윤리적 상황에 처할 때면 언제나 우리를 엄습하는 그런 것입니다. 그렇다면 저 정언명령은 도대체 어떻게 해서 우리에게 그렇게 기습적으로 밀고 들어오는 것일까요? 그것이 외부적인 것이라면 그것을 선험적으로 경험할 수 없을 것입니다. 그러므로 그것은 내부적인 어떤 것입니다. 그리고 우리의 마음속에 있는 능력 중에서 무조건적인 것과 윤리, 그리고 절대적 상황(윤리는 언제나 절대적인 상황과 관련됩니다)과 관련된 모든 것은 이성의 본성에 속합니다. 경험적 질료에 의해 추동되는 의지에 대해서도 이성은 절대적이고 보편적인 법칙의 형식을 통해 우리를 압박합니다.

이성의 습격, 그것이 우리로 하여금 윤리적 고뇌 속으로 잠겨 들게 만드는 것입니다. 바로 이것이 주체가 놓인 자유의 상황입니다. 주체는 자유로운데 그것은 이성이 정언명령의 형식을 통해 우리 의지에 입법할 때입니다. 정념에 의해 지배되는 우리 의지 앞에 일종의 타자처럼 나타나는 그것, 오히려 니체의 말처럼 '금발의 야수'처럼 나타나 우리를 괴롭히는 그런 무자비한 타자, 그것이 정언명령입니다. 이처럼 저 도덕법칙은 우리 이성이 그 어떤 경험적 질료의 도움 없이도 스스로 우리 의지에 대해 독자적으로 입법하고 있다는 사실을 드러내는 증거가 됩니다.

의무와 강제로서의 도덕법칙

그러므로 "순수이성은 그 자체만으로 실천적이고, 우리가 도덕법칙이라고 부르는 보편적 법칙을 (인간에게) 준다"(계, A56)고 할 수 있습니다. 이는 부인될 수 없는 사실입니다. 우리가 자신의 행위의 합법칙성에 대해서 내리는 판단을 분석해 보면 이를 잘 알 수 있습니다. 경향성이 그 어떤 참견을 하더라도 이성은 자신의 강제성을 통해 행위에 있어 의지를 항상 "절조 있게" 순수한 의지에 묶는다는 것을 발견하게 됩니다. 이런 원리는 이성과 의지를 가지고 있는 모든 존재자(최고의 예지자 포함)에게 유효합니다.

그러나 인간의 경우에 도덕법칙은 항상 명령의 형식을 취하게 됩니다. 다시 말해 인간의 윤리는 최고 예지자처럼 정념성 없는 자연성일 수 없다는 말입니다. 인간에게서 분명 모든 경향성에서 독립한 순수한 의지를 전제할 수 있기는 합니다. 하지만 그래도 인간은 온갖 필요 욕구들과 감성적 동인들에 의해 촉발되는 존재입니다. 도덕법칙을 거역하는 어떠한 준칙도 가질 수 없는 신성한 의지만으로 구성된 존재가 아닌 것입니다. 그래서 도덕법칙은 인간들에게는 정언적으로 지시하는 명령이 됩니다.

가언적인 것이라면 그것은 도덕적일 수 없습니다. 자신의 경향성과 일치하는 조건에만 반응하는 실천 규칙은 도덕적인 것이 아니기 때문입니다. 도덕법칙은 무조건적입니다. 따라서 이 법칙에 대해 우리의 의지가 갖는 관계는 책무(obligation)라는 명칭 아래의 종속성입니다. 그리고 이 책무는 순수이성과 객관적 법칙에 의한 것이기는 해도 행위를 지시하는 강요(necessitation)이기 때문에 의무(duty)라 일컬어집니다. 조금 복잡한 구석이 있는 지점입니다. 인간이 자유의지를 갖는다고 했습니다. 그런데 도덕법칙 앞에서는 강요와 의무 아래 있어야 합니다. 수동성과 자율성이라는 모순이 계속됩니다.

그러나 저 강요나 의무는 우리의 정념에 대해 행사되는 것이라고 생각하면 이런 모순은 제거됩니다. 정념적으로 촉발된 우리의 의지는 나름의 소망을 갖게 되는데 이는 실천이성 앞에서는 저항에 부닥치게 됩니다. 왜냐하면 실천이성은 모든 정념을 일소할 것을 요구하기 때문입니다. 이 내적이고 지성적인 강제가 바로 우리의 수동성입니다. 하지만 저 도덕법칙 자체는 우리가 자유롭기 때문에 이성의 사실로서 등장할 수 있는 것입니다. 우리가 만약 기계적 맹목성 아래 종속된 존재자였다면 도덕 자체가 존재할 수 없는 것입니다. 우리는 저 정념성과 경향성에 대해 내부에서 자유롭게 취조하도록 명령된 그런 존재입니다. 그래서 칸트의 윤리에는 일종의 운명이나 숙명의 정조가 많다고 느껴집니다. 자유롭게 저 명령을 수용하는 것, 명령이 자유의 이름 아래 발휘되는 것, 그런 숙명적인 차원이 있는 것이죠.

반면에 완전 자족적이고 정념으로부터 자유로운 예지자가 있다면 그에게는 객관적인 법칙이 될 수 없는 그 어떤 준칙도 있을 수 없겠습니다. 그가 하고자 하는 바 그것이 바로 도덕법칙이겠지요. 아니면 도덕법칙 자체가 그의 준칙일 테고, 따라서 그가 경향성과 도덕법칙 사이에서 고뇌할 일은 없어 보입니다. 하지만 그의 이와 같은 신성성에도 불구하고 실천법칙에서는 결코 벗어날 수 없습니다. 예지계 자체가 이미 자유와 도덕법칙의 세계이니까요. 저 예지적 존재가 벗어날 수 있는 것은 인간의 숙명인 책임과 의무입니다. 인간이 의무감과 숙명의 느낌 없이 도덕법칙과 마주한다는 것은 불가능합니다. 이 사실은 칸트의 윤리학에서 더없이 중요한 사실입니다.

그래서 저 예지자가 갖고 있는 의지의 신성성은 유한한 이성적 존재자가 무한히 접근해 가야 할 '원형'으로 쓰이게 됩니다. 이 신성한 윤리법칙은 언제나 이성적 존재자들의 눈앞에 있습니다. 이 도덕의 원형을 향해 나아가는 무한한 전진을 '덕'이라고 합니다. 그런 점에서 덕은 유한한 실천이성이 이룩할 수 있는 최고의 것입니다. 그리고 이 덕 자체는 적어도 자연적으로 얻어진 능력으로서는 결코 완성될 수 없습니다.

6강 _ 정념의 원리와 윤리성의 원리

칸트에게 도덕적인 것이란

칸트의 윤리는 결과의 윤리가 아닙니다. 다시 말해 어떤 행위의 결과가 도덕법칙과 일치했다는 사실은 윤리성을 판정하는 기준이 아닙니다. 칸트는 "의사선택의 모든 타율"은 도덕법칙만이 의지를 규정하는 '자율'과 대립한다고 말합니다. 의지가 자유롭다는 것은 도덕법칙만을 의지의 의무로 간주하는 사태를 가리킵니다. 여기서 '자유'와 '자율'은 조금 다른 의미를 갖는데요, 도덕법칙의 형식에 맞춰 자신의 준칙을 스스로 선택하는 주체의 자유로운 의지를 칸트는 자율(autonomy)이라고 부릅니다. 반면에 충동이나 경향성에 굴복하고 마는 것은 타율입니다. 자유는 이성적 존재자에게 모두 갖춰져 있는 초월적 성향입니다. 하지만 이 자유를 충동에 굴복하는 방식으로 사용하는 경우 타율적이라고 합니다.

도덕법칙만이 의지를 온전히 지시해야 자율적 상태라 할 수 있습니다. 그러나 우리는 그렇게 살아가지 않습니다. 도덕법칙을 하나의 수단처럼 사용하기도 합니다. 자신의 이익을 위해 남을 돕는다든지 타인을 공격하기 위해 진실의 의무를 지킨다든지 하는 것들이 대표적입니다. "법칙과 결합되면서 욕구의 바로 그 객관일 수도 있는 의욕의 질료가 실천 법칙의 가능성의 조건으로서 실천 법칙 안에 끼어든다면 이로부터 자의의 타율, 곧 어떤 충동이나 경향성에 따르는 자연법칙에 대한 종속성이 나타난다"(A59).

분명 도덕법칙은 지켜졌습니다. 진실을 말했고 이웃을 도왔습니다. 하지만 여기서는 실천 법칙만이 의지를 규정한 상태가 아닙니다. 칸트가 "실천적인 이성 자신의 법칙 수립은 적극적 의미에서 자유"(A59)라고 할 때 이 적극적인 의미의 자유는 의지가 순전히 이성에 의해서만 지배되는 상태를 말합니다. 도덕법칙이 만들어졌다면 그는 우선 일체의 정념적 질료로부터 독립성을 갖춘 셈입니다. 그러나 의지가 도덕법칙에 의해서만 지배되는 것이 아닐 때 그는 아직 적극적 의미에서 자유롭지 않습니다. 그는 정념적인 준칙과 도덕법칙을 공존시키고 있는 셈입니다.

바로 이런 상황을 칸트는 타율적이라고 부릅니다. 정념적 욕구들로부터 독립하지 않았기 때문이죠. 물론 이렇게 행위해도 도덕적인 것처럼 결과가 나타날 수는 있습니다. 하지만 그것은 법칙에는 맞아도 도덕적이지는 않습니다. 비윤리적입니다. 칸트에게 도덕적인 것은 결과가 아니라 동기의 차원에 존재하는 것이기 때문입니다. 칸트는 단호하게 규정합니다. "그러나 그런 식으로 보편적-법칙 수립적 형식을 결코 자기 안에 가질 수 없는 준칙은 이런 식으로는 아무런 책무도 세우지 못할 뿐만 아니라, 순수한 실천이성의 원리에, 그러므로 이로써 또한 윤리적인 마음씨에 어긋나기조차 한다. 설령 그런 준칙에서 나온 행위가 법칙에 맞다고 하더라도 말이다"(A59).

자기 행복의 원리는 비윤리적이다

그러므로 질료적 조건을 수반하는 실천적 지시 규정을 실천 법칙으로 간주해서는 안 됩니다. 그것은 이런저런 것을 욕망할 경우 이를 실현하기 위해 무엇을 해야 하는가 하는 실천 규칙, 훈계일 뿐입니다. 그러므로 당연히 조건적인 보편성밖에 갖고 있지 않습니다. 그런 것을 욕망하는 사람들에게만 호소하는 것이면서도 그것은 무조건적 보편성을 갖는 것처럼 속이는 경우가 많습니다. 어떤 준칙이든 그 준칙의 조건으로 경험적 질료를 포함하면 그것은 보편적인 법칙이 될 수 없습니다. 보편적이지 않은 그 어떤 것도 우리 이성의 입법 능력을 확보해 주지 못합니다.

예를 들어 보겠습니다. 우리의 준칙의 질료가 '나의 행복'이라고 하겠습니다. 이때 나의 행복이 객관적 실천 법칙이 될 수 있으려면 무엇이 필요할까요? 다시 말해 모든 사람들이 각자 자신의 행복을 추구하는 것이 인간의 보편적인 의무라고 주장할 수 있으려면 우리의 행복 이외에 무엇이 더 필요할까요? 당연히 우리의 행복 안에 타인의 행복도 포함되어 있어야 합니다. 왜냐하면 각자의 행복만을 법칙화하게 되면 법칙에 따른 모든 사람의 행복 추구가 결국 모든 사람의 불행이라는 정반대의 결과로 귀착되고 말기 때문입니다.

그렇다면 타인의 행복도 촉진하라는 이 법칙은 어떻게 가능할 수 있을까요? 타인의 행복이라는 질료를 나의 준칙 안에 직접 부여하는 것은 어떨까요? 다시 말해 나의 행복과 타인의 행복을 동시에 추구한다는 준칙을 만드는 것이죠. 그런데 이것이 가능할까요? 연인이거나 가족의 경우는 가능할 것도 같네요. 하지만 나의 행복과 타인의 행복이 충돌하는 경우는 어떻게 해야 하나요? 나의 행복이라는 정념적 욕구를 타인의 행복을 위해 억눌러야 할까요? 그렇다면 이는 나의 행복과 타인의 행복을 동시에 추구하라는 원칙에서 벗어나는 일이 됩니다. 나의 행복이라는 경험적 질료와 타인의 행복이라는 경험적 질료가 그대로 존재하는 한에서 우리는 행복의 보편성을 확보할 수 없습니다.

그래서 칸트는 이 보편성이 오직 순수한 법칙적 형식에 의해서만 확보된다고 말합니다. 바로 준칙이 보편적인 법칙의 형식에 맞아야 실천 법칙이 될 수 있다는 실천이성의 원칙만이 나의 경향성에 기초한 준칙(행복)을 제한할 수 있는 것입니다. 그렇게 법칙의 보편성에 맞도록 제한된 나의 사랑의 준칙은 타인의 행복으로 확장하라는 책무의 개념을 생겨나게 합니다. 그저 나의 경향성에 타인의 행복이라는 동기를 추가한다고 해서 준칙의 보편성이 생겨나지는 않습니다. 그러므로 이웃을 사랑하라는 명제가 하나의 동기로서 우리에게 추가된다면 그것은 그저 정념적인 준칙에 그치고 맙니다. 그 사랑은 우리의 행복에 대한 경향성을 보편적 형식의 시험에 붙이는 방식으로만 확보될 수 있는 것입니다.

자기 행복의 원리는 윤리성의 원리와 상충합니다. 칸트에게 있어 법칙으로 쓰이는 규정 근거를 준칙의 법칙 수립적 형식 이외의 다른 곳에 두는 모든 것은 윤리성의 원리가 아닙니다. 더 쉽게 말해 오로지 준칙의 법칙 수립적 형식(정언명령)만이 의지의 동기가 되어야 윤리적이라는 뜻입니다. 그런데 이런 말은 좀 어려워 보입니다. 저런 보편성의 형식에 맞춰 우리의 준칙을 제한한다는 것이 가능한지 의문스럽기도 합니다. 그래서 칸트는 만약 저 윤리법칙을 말하는 '이성의 목소리'가 아주 평범한 사람들조차 들을 수 있을 정도로 또렷하지 않았다면 이 자기 행복의 원리와 윤리성의 원리 간의 충돌은 윤리를 전적으로 궤멸시켰을 것이라고 말합니다. 그만큼 저 도덕법칙을 설파하는 이성의 목소리는 분명하다는 것입니다. 분석과 설명이 어려웠을 뿐입니다.

그렇다면 칸트가 들고 있는 예를 통해 이 사실을 살펴보겠습니다. 곤란한 상황이 생기면 거짓말을 일삼으면서 사태를 무마하려는 친구가 있다고 해봅시다. 행복을 위해 사는 것이야말로 신성한 의무이므로 자신이 그렇게 왜곡하는 것도 인간의 참된 의무를 수행하는 것이라고 자부하기까지 합니다. 우리가 설령 이 친구의 논리나 주장을 직접 반박할 방법이 없다 할지라도 우리는 당연히 그런 친구를 혐오하고 조소하게 되어 있습니다. 누군가 집사를 추천하면서 그가 자신의 이익은 완벽하게 챙기지만 고상하게 살 줄 알며 발각되지만 않으면 남의 재산을 자기 것처럼 쓰면서도 가난한 사람들에 대한 자선에서도 즐거움을 찾는다고 칭찬합니다. 이런 추천인을 그 누가 제정신이라고 생각하겠습니까. 이처럼 우리는 쉽사리 인간의 비윤리성을 판단할 수 있습니다.

행복의 원리는 준칙을 제공할 수는 있어도 법칙을 제공할 수는 없습니다. 행복에 대한 인식은 경험적 자료에 의거하고 판단도 각자에게 달려 있습니다. 심지어 이 판단도 변화무쌍해서 일관된 행복이 없습니다. 그러므로 결코 보편적 규칙의 형태로 정리될 수가 없는 것입니다. 자기 사랑(영리함)의 준칙은 조건에 맞춰 충고하지만, 도덕법칙은 단호하게 지시하고 명령합니다. 그리고 재미있는 사실은 누구에게나 엄격하게 준수하도록 강요하는 도덕법칙의 명령이 아주 평범한 지성의 소유자라도 세상사에 대한 영리함 없이 쉽게 따를 수 있는 것이라는 점입니다. 그래서 그 실천의 방책 같은 것을 배울 필요도 없이 그저 의지가 하고자 하는 대로 그냥 하면 됩니다. 반면 그 무엇이 우리에게 행복(이익)이 될지는 쉽게 알 수 없습니다. 특히 이익이 전 생애에 걸쳐 있을 경우에는 더욱 파악하기 쉽지 않습니다. 따라서 이 처세의 영역에서는 상당한 영리함이 요구되기 때문에 사실 자기 행복의 준칙을 충족시키기란 어렵습니다. 여기서는 욕구 대상을 실현시킬 능력도 요구되며 때로는 우연적인 기회 같은 것도 필요합니다. 그러나 도덕법칙은 그런 것들 없이도 실천됩니다.

2부

순수실천이성의
대상과 동기

Kritik der praktischen Vernunft

7강 _ 도덕법칙의 연역

실천적인 차원에서 열리는 예지계

순수이성이 실천적이라는 것, 다시 말해 경험적인 모든 것으로부터 독립해 의지를 규정할 수 있다는 사실을 밝혔습니다. 우리의 의지는 자유로울 수 있습니다. 이 의지의 자유 속에서 순수이성은 실천적입니다. 이렇게 자유가 확보됨과 동시에 도덕법칙은 감성세계의 일체의 여건과 모든 이론적 이성 사용의 범위로부터는 결코 설명될 수 없는 순수한 예지적(intelligible) 세계를 고지하고 적극적으로 규정할 수 있게 합니다. 사변적인 영역에서 입법하는 지성은 감성적 직관들과 결합해 우리가 '경험'이라 부르는 그런 인식을 가능하게 하지만 경험 대상들을 넘어서 있는 예지적 사물에 대해서는 적극적으로 규정하지 못합니다. 그런데도 이 초감성적인 영역에 대해 적극적으로 인식하고자 할 때 이성은 필연적으로 이율배반에 빠지고 만다는 것이 『순수이성비판』의 결론이었습니다.

이율배반은 우리의 인식이 자신의 한계를 넘어서고 있음을 경고하는 이론적 표지판과 같습니다. 이율배반이 나타나면 지성이 감성계를 넘어 예지계에 접근하면서 불법적으로 인식을 확장하고 있다는 사실을 알아차려야 합니다. 그러므로 예지계에 대해서는 생각만 할 뿐 인식하려고 해서는 안 됩니다. 가령 칸트의 체계에서 '자유'는 생각할 수는 있지만 경험 대상으로서 인식할 수는 없습니다. 그런데도 자유를 인식 대상으로 삼을 때 그런 초월적인 대상에 대한 이율배반이 발생하게 됩니다(자유가 있다/자연의 인과만 있다). 이율배반을 해소하려면 사변이성은 저 자유에 대해 그것이 불가능하지는 않을 것이라는 소극적인 규정에서 멈춰야 합니다.

이제 우리는 실천이성의 영역으로 넘어왔습니다. 도덕법칙은 저 소극적 규정에 그쳐야 했던 예지계에 대해 발언하기 시작합니다. 도덕법칙은 인간의 자유를 알립니다. 그것은 감성적 자연의 기계적 성격을 방해하지 않으면서도 감성세계에 초감성적 자연인 예지계의 형식을 부여합니다. 이성적 존재자들 일반의 '감성적 자연'은 경험적으로 조건 지어진 법칙들(가령 인과율) 아래에 있는 사물들의 실존을 말합니다. 이 세계는 자유를 바탕으로 하는 이성에 대해서는 타율적인 세계입니다. 그러나 동일한 이성적 존재자들의 '초감성적 자연'은 일체의 경험적 조건에서 독립적인 순수이성의 자율 법칙들에 따르는 사물들의 실존입니다. 이 세계는 순수한 실천이성의 자율 아래에 있는 자연입니다. 칸트의 실천철학 속에서 인간은 감성적 자연과 예지적 자연의 두 계열을 동시적으로 펼치는 존재입니다.

그런데 칸트는 이 두 자연의 관계를 플라톤의 논법과 비슷하게 원본과 복사본의 관계에 비유합니다. "이 자율의 법칙은 초감성적 자연 및 순수한 예지세계의 근본 법칙이고, 그것의 사본이 감성세계에, 그럼에도 동시에 감성세계의 법칙들을 깨뜨림 없이 실존해야 할 도덕법칙이다"(A75). 그런데 우리는 알고 있습니다. 이 세계의 삶이 우리의 자유의지대로 운영되지 않는다는 것을. 자연 전체는 순수한 실천 법칙에 따라 우리의 자유의지가 발휘되는 그런 자연이 아니라 개인의 경향성들에 따라 정념의 법칙이 결정하는 자연입니다. 그런데도 칸트는 왜 예지계가 원본이고 감성계를 복사본이라고 할까요?

"그럼에도 우리는 이성에 의해 자연 질서가 동시에 우리 의지에 의해 생겨야만 하는 것인 양 우리의 모든 준칙들이 종속해 있는 법칙을 의식한다"(A76). 여기서 핵심은 우리가 사변적 영역이 아니라 실천적 영역에 있다는 사실입니다. 사변적인 차원에서 저 감성세계의 법칙과 예지세계의 법칙은 완전히 다릅니다. 여기에서는 어떤 것이 중심적인 것인지 알 수 없고, 어느 것 하나를 중심에 놓으려고 하는 순간 이율배반이 발생하게 되어 있습니다. 그러나 실천적인 영역에서는 다릅니다. 실천적 차원은 자유의지를 전제합니다. 여기에서 우리는 우리의 모든 준칙들이 종속되어 있는 법칙을 강하게 의식하게 됩니다.

생명에 대한 자유로운 처분에 대해 우리의 준칙은 어떠해야 할까요? 자연법칙의 관점에서 이 문제에 접근하면 정답은 자살은 당연히 받아들일 수 없다는 것이 됩니다. 자기 생명을 모든 생명체가 자의적으로 끝낼 수 있다는 사실을 자연 질서가 받아들인다면 자연 질서의 영속성이 사라질 것이기 때문입니다. 자연의 질서와 그 보편적인 법칙 속에서 자유의지는 발휘될 수 없습니다. 증거를 제시할 때 따르기로 하는 '진실하기'라는 준칙의 경우도 마찬가지입니다. 자의적으로 거짓된 사실(증거)을 제출하면서 진실을 말한다는 것은 자연법칙에 있어 모순되는 일입니다. 최소한 자연의 질서에서는 모순되는 일은 벌어질 수 없습니다.

그럼에도 불구하고 우리는 모순을 느끼고 자연의 법칙을

거스르는 우리의 의지를 느낍니다. 심지어 자연의 질서가 우리의 의지를 따라야 하는 것이나 되는 것처럼 모든 준칙들이 종속되어 있는 자유의 법칙을 의식합니다. 정념의 법칙에 따르도록 되어 있는 자연 속에서도 우리는 도덕법칙을 강력하게 의식하는 것입니다. 이것은 오직 "실천적 관계"에서만 나타날 수 있는 현상입니다. 실천적 차원에서 우리는 저 초감성적인 예지계적 자연의 이념을 표현하려 합니다. 다시 말해 우리는 자연적 인과(정념적 경향성)를 거스르면서까지 최고선이라는 윤리적 형태를 실현하려고 합니다. 이성적 존재자인 인간은 자신의 의지의 대상으로 최고선이 아니면 만족하지 않는 불굴의 정신을 보여 주기도 하는 것입니다.

그래서 칸트는 저 자율의 법칙을 실천이성에 의해서만 인식할 수 있는 원본 자연이라고 부르고 그것이 실현되는 감성세계를 모상 자연이라고 부릅니다. 그렇다고 저 자율의 법칙이 감성세계의 법칙을 깨뜨릴 수는 없습니다. 최고선이라는 이념은 우리 의지에 대해 견본을 위한 도안처럼 놓여 있는 것이지만 그것이 드러나는 감성세계의 법칙을 깨뜨려서는 안 됩니다. 그렇다면 증거 제시에 있어 진실성을 강요받는 자연의 법칙이나 자살을 인정하지 않는 자연의 법칙도 모두 예지계의 법칙의 표현이라고 볼 수도 있겠습니다. 최고선이 자살이나 거짓 증언에 있다고는 생각할 수 없습니다. 현상계와 예지계는 서로 다른 차원의 세계이지만 윤리적 실천은 자연의 인과법칙을 깨뜨리지 않습니다.

의지가 종속되어 있는 자연의 법칙과 의지에 종속되어 있는 자연의 법칙 사이에 다음과 같은 차이가 있습니다. 전자의 경우는 대상들이 우리의 의지를 규정하는 표상들의 원인이겠지만, 후자의 경우는 의지가 대상들의 원인이어야 하고 여기서 인과관계를 규정하는 것은 순수이성입니다. 그래서 이를 순수실천이성이라고 합니다. 우리는 경향성에 이끌려(대상이 의지를 규정하여) 생명을 보존할 수도 있지만 실천이성의 의지 아래 생명을 보존할 수도 있습니다. 생명의 보존이라는 자연적 결과의 동일성에도 불구하고 우리는 그 자연적 결과를 의지할 수도 있습니다. 그런 점에서 실천적인 차원에서 원본이자 지배적인 것은 도덕법칙입니다.

도덕법칙 연역의 특수성

그런데 아직 해결하지 못한 문제가 있습니다. 그것은 이성이 의지의 준칙을 어떻게 규정할 수 있고 어떤 방식으로 규정할 수 있는가 하는 점입니다. 이것이 바로 '연역'(deduction)의 문제입니다. 사변이성에서도 연역의 성공 여부가 관건이었습니다. 다시 말해 대상에 의해 우리의 인식이 가능한 것이 아니라 지성(범주)의 '종합 활동'에 의해 인식 대상과 경험 가능성이 성립한다는 사실에 대한 증명이 핵심이었습니다. 마찬가지로 실천이성의 영역에서도 순수이성이 입법적인 능력이 있다는 사실을 증명해야 합니다. 우리는 의지가 자유로울 때 순수이성이 입법할 수 있다고 했지만 사실 이는 증명하지 않은 가설의 형태에 그쳤습니다.

이 연역의 문제는 의지에 의해 욕구된 행위가 성취될 수 있는가 없는가 하는 그런 결과의 차원과는 관계가 없습니다. 여기서는 의지가 순수이성에 대해서 합법칙적이기만 하다면 그것을 수행하는 데 있어 의지의 능력은 아무래도 좋은 것입니다. 칸트의 윤리에서는 행위가 실패했더라도 상관없습니다. 어떤 행위든 그 동기의 차원에서만 윤리적일 수 있습니다. 실천적인 차원에서는 해야 하기 때문에 할 수 있는 것이지 할 수 있기 때문에 해야 하는 것이 아닙니다. 무능력은 윤리적 실천에 있어 변명거리가 될 수 없습니다. 의지의 질적 차원(순수이성에 의한 규정)이 중요한 것이지 의지의 양적 차원(능력의 정도)은 아무런 상관도 없습니다.

순수이성은 정말 의지를 규정하고 지배할 수 있을까요? 우리는 『실천이성비판』의 시작을 경험적 질료에 지배되지 않은 순수한 실천 법칙들이 있다는 그 현실성에서 시작했습니다. 행복의 원리와 자기 사랑의 원리에 기반한 가언명령이 아니라 보편적 법칙의 형식을 띤 정언명령의 형태가 존재할 수 있어야 한다는 사실을 도출했습니다. 그런데 실천이성 원칙의 도출과 함께 우리가 깨달은 것은 이 법칙의 기초에 놓여 있는 것이 직관(경험적 질료)이 아니라 자유, 즉 예지계에서 이 법칙이 현존할 수 있게 하는 초월적 자유였다는 사실입니다. 오직 자유의 개념 아래서만 자율적 의지도 가능하고 실천 법칙들도 도출될 수 있기 때문입니다. 자유가 확보되지 않는데 어떻게 보편적 법칙의 형식에 입각한 정언명령이 가능하겠습니까. 우리가 맹목적 기계와 같은 삶을 살게 규정되어 있다면 정언명령이 도대체 왜 필요하겠습니까.

그런데 자유에 대한 이런 단적인 의식이 도대체 어떻게 가능한 것인가 하는 점에 대해서 우리는 더 이상 설명할 방법이 없습니다. 사변적인 차원에서 자유가 가능할 수 있다는 점을 세번째 이율배반의 장에서 확인하기는 했습니다. 그러나 그것은 자유에 대해 생각할 수 있다는 가능성이지 그것의 실재적 가능성이 아닙니다. 분명 자유가 가능해야 도덕법칙이 우리 의지를 규정할 수 있는 것인데, 다시 말해 순수이성이 의지에 대해 입법한다는 사실이 연역되는데 우리는 이 자유의 가능성을 설명할 수가 없는 것입니다.

칸트는 그래서 도덕 원리에 대한 연역은 성공할 수 없다고 말합니다. 사변이성의 영역과 달리 실천이성의 영역에서는 자유를 통한 도덕법칙에 대한 직접적인 증명은 불가능하다고 말합니다. "그러나 나는 도덕법칙의 영역에서는 그러한 경로[현상들을 통한 증명─인용자]를 취할 수가 없다. 왜냐하면 그것은 어떻게든 외부로부터 이성에게 주어질 수 있는 대상들의 성질에 대한 인식에 관계하는 것이 아니라, 오히려 그 인식이 대상들 자체의 실존 근거가 될 수 있는, 그러니까 이성이 이 인식을 통해 이성적 존재자에 있어서 원인성을 갖는 한의, 다시 말해 이성이 직접적으로 의지를 규정하는 능력으로 간주될 수 있는 순수이성인 한의 그런 인식에 관계하는 것이기 때문이다"(A80~81).

우리는 왜 우리에게 자유가 주어져 있는 것인지 더 이상 인식할 수 없습니다. 이는 우리에게 시공간이라는 선험적 직관 형식이 왜 주어져 있는지 더 이상 인식할 수 없는 것과 마찬가지입니다. "무릇 인간의 모든 통찰은 우리가 근본 역량들 내지 근본 능력들에 이르자마자 끝난다. 왜냐하면 그런 능력들의 가능성은 무엇에 의해서도 파악될 수 없고, 그러나 또한 임의로 꾸며내거나 가정돼서도 안 되기 때문이다"(A81). 사변이성의 차원에서는 인식할 수 없었지만 실천이성의 차원에서는 존재하는 것으로 확인된 이 자유에 대해 우리는 더 이상 직접 접근할 방법이 없습니다. 그것은 그저 우리 이성적 존재자에게 주어진 근원적인 능력입니다.

자유의 인식 근거로서의 도덕법칙

칸트는 자유에서 도덕법칙으로 가는 방법에는 더 이상 길이 없다고 규정하고 그 반대의 방법을 시도합니다. 도덕법칙에 대한 자유로부터의 연역은 불가능했지만 이제 거꾸로 이 도덕법칙이 저 탐색하기 어려운 자유라는 능력을 연역하는 원리로 쓰이게 되는 것입니다. 반복하는 얘기가 됩니다만,『순수이성비판』의 세번째 이율배반에서 사변이성은 어떤 경험도 증명할 수 없지만 그럼에도 무제약자를 찾는 자신의 이념에 따라 이율배반에 빠지지 않기 위해 이 자유의 능력을 가정해야 했었습니다. 그런데 우리가 살펴봤듯이 도덕법칙은 자유에 의한 인과의 법칙이고 초감성적인 자연을 가능하게 하는 법칙입니다. 도덕법칙 자체가 이미 경험적 질료로부터 자유로운 의지를 가능케 하고 전제하는 것이기 때문입니다.

사변이성이 이율배반에 빠지지 않기 위해 소극적으로 가정했던 자유인과가 바로 이 도덕법칙에 의해 그 객관적 실재성을 부여받기에 이르는 것입니다. 사변철학에 있어서는 무규정적이었던 자유가 도덕법칙이라는 형식을 통해 객관적으로 규정되는 것이죠. 원래 자유에 대한 개념 규정은 불가능합니다. 이는 사변적 영역이기 때문이죠. 하지만 도덕법칙에 의한 실천은 그 자체가 자유입니다. 개념 규정이 불필요하죠. 도덕법칙이 있을 수 있고, 있어야 한다는 것, 그것이 이미 자유를 증명하는 것입니다. 자유를 '사변적으로' 규정하려고 하면 이성은 경험의 한계를 넘는 초험적(transcendent) 사용이라는 변증성에 빠집니다. 하지만 자유를 '실천적으로' 규정하게 되면 이제 이성은 자유에 대해 내재적(immanent) 용법을 구사할 수 있게 됩니다. 여기서 우리는 이성의 불법적 사용을 염려할 필요가 없습니다.

사실 감성세계의 존재자들의 원인성은 무조건적일 수 없습니다. 여기서는 모든 현상들이 조건적입니다. 하지만 무조건자(무제약자)를 찾는 것은 이성의 본성적 요구입니다. 그래서 절대적 자발성의 능력인 자유의 가능성이 사변이성에 의해 확보될 수 있었습니다. 그런데 절대적으로 무조건적인 원인성 규정(자유인과)은 현상들 내에서는 발견될 수 없으므로 행위하는 존재자를 예지적인 존재라고 상정해야 합니다. 이렇게 현상계 내에서 사용하지 않고 예지계에서만 이념적으로 자유를 사용할 경우 우리는 규제적(regulative) 원리에 따른다고 말합니다.

자유를 직접 현상적으로 경험하는 구성적(constitutive) 원리로 사용하지 않기 때문에 이 규제적 원리를 통해 규정한 자유라는 대상이 무엇인지 우리는 인식할 수 없습니다. 이제 순수실천이성은 이 인식 불가능한 공허한 자유의 자리를 예지계에서의 인과성의 법칙, 즉 도덕법칙으로 메웁니다. 물론 이런 방식을 통해서 사변이성이 저 자유에 대해 어떤 통찰을 얻는 것은 아닙니다. 하지만 도덕법칙을 통해 실천적인 측면에서 이 자유를 경험하게 되는 것입니다. 다시 말해 자유의 객관적 실재성이 실천적으로 확보되는 것입니다.

원래 인과성 개념은 현상들(감성적 직관) 차원에서 확인되는 만큼 예지계에서 원인이 어떻게 가능한지 사변이성으로서는 인식할 수가 없습니다. 심지어 실천이성조차도 감성적 직관과 구별되는 다른 직관(예를 들어 신적 직관)에서 어떻게 예지계적 원인이 작동하고 가능한 것인지(예지계적 대상에 대한 인식) 제시할 수 없습니다. 그러므로 이제 이성은 원인이라는 개념을 예지계에서 대상에 대한 '인식'이 아니라 대상에 대한 '실천'을 위해 사용합니다. 물론 예지적 사물에 대한 인식에 있어 이 자유라는 원인 개념이 어떤 종류의 규정을 가질 것인지 전혀 이해하지 못하고 있다는 사실을 기꺼이 고백하면서 말이죠. 이성이 예지적 세계에서 그 고유한 원인성에 관해 만든 이 자유 개념을 이성은 초감성적 실존을 인식하기 위해 이론적으로 규정하는 데 쓰지 않고 오로지 실천적으로만 사용합니다. 따라서 이성이 도덕법칙을 통해 자유에 부여하는 의미는 단적으로 실천적입니다.

이제 이렇게 정리할 수 있겠습니다. 자유를 통해 도덕법칙을 인식할 방법은 없습니다. 하지만 도덕법칙이 있다는 것 자체가 우리로 하여금 자유를 인식하게 해줍니다. 물론 실천적이라는 조건에서요. 그러므로 자유의 (실천적) 인식 근거는 도덕법칙입니다. 역으로 자유가 있어야 도덕법칙도 가능할 것이므로 도덕법칙의 존재 근거는 자유라 하겠습니다. 도덕법칙은 사실상 자유에 의한 법칙이고, 초감성적 자연인 예지계를 성립하게 하는 법칙입니다. 지성 안의 형이상학적 법칙(대표적으로 인과법칙)이 감성적 자연의 인과법칙이었던 것처럼 말이죠. 저 예지계는 실상 도덕법칙의 지배를 받고 있었고, 그것은 자유인과의 세계입니다. 그리고 저 예지계는 오직 자유라는 원인의 세계일 뿐 그 결과는 알 수 없는 세계이겠습니다. 왜냐하면 결과는 오직 현상계의 문제이기 때문입니다.

8강 _ 흄의 인과론 비판

원인인가 습관인가

우리는 도덕의 원리 안에 자유인과라고 하는 인과성 법칙을 세웠습니다. 이 법칙은 그 규정 근거를 감성세계의 조건들 너머에 두고 있습니다. 우리는 의지를 예지계에 속하는 것으로, 다시 말해 이 의지의 주체인 인간이 순수 예지계에 속한다고 생각했습니다. 경험적인 영역에서 작동할 것만 같은 의지를 초감성적인 인과성과 관련해 규정함으로써 우리 인식을 사변적 월권이라고 했던 영역까지 확장했습니다. 그렇다면 예지계 내에서 인과성 개념을 사용하는 것이 과연 합법적일 수 있는지 경험론적인 비판 속에서 탐구해야 하겠습니다.

인과 개념과 관련하여 순수이성의 권리들에 대해 전면적 공격을 단행함으로써 오히려 순수이성에 대한 철저한 연구를 불가피하게 만들었던 흄의 결론을 간략히 정리하면 이렇습니다. '우리 지각에 주어지는 것은 대상들의 필연적 결합이 아니다. 다시 말해 인과적 결합의 필연성을 우리가 경험하는 것이 아니다. 그것은 사물의 빈번한 동반에 대한 습관일 뿐이다. 그러므로 원인이라는 개념은 어떤 객관(대상)도 상응하지 않는 기만에 불과하다.'

인식에 있어 선험적인 개념(원인)을 부정하는 흄의 결론과 더불어 사물들의 실존과 관련한 모든 인식에 있어 경험론이 원리들의 유일한 원천으로 도입되었고 아주 강력한 회의주의가 등장하게 되었습니다. 경험주의적 원칙에 따르면 사물들의 주어진 규정으로부터는 실존상의 필연적인 결과를 추리할 수 없습니다. 왜냐하면 사물의 특정한 상태에서 그 결과를 유추할 수 있으려면 원인과 결과 사이의 연결에 있어 필연성을 함유하는 '원인' 개념이 요구되기 때문입니다. 그러나 흄으로 인해 우리가 지성의 범주로 사용하는 선험적인 인과 개념은 더 이상 받아들일 수 없게 되었습니다. 인과라는 개념은 실상 사물들의 반복적 동반에 대한 습관적 지각일 뿐이기 때문입니다. 따라서 우리가 획득할 수 있는 것은 필연적 연결이 아니라 단지 상상력의 규칙(연상)에 따른 유사한 경우들뿐입니다. '항상'과 '필연적으로'를 기대할 수 없으니 모든 것은 맹목적 우연성에 자리를 내주게 되는 것입니다.

반면 인과성 개념에 대한 칸트의 입장은 이렇습니다. '만약 흄이 경험 대상들을 사물들 그 자체(물자체)로 여겼다면 원인 개념의 기만성을 인정할 수 있겠다. 왜냐하면 물자체는 우리가 경험할 수 없는 것이기 때문에 A가 있으면 그에 따라 B도 필연적으로 있다는 선험적 인식을 가질 수 없기 때문이다. 하지만 물자체가 아니라면 굳이 원인이라는 지성의 선험적 개념을 버릴 이유가 없다. 그런데 흄은 원인 개념의 경험적 근원을 허용할 수도 없었는데, 경험적인 것이라면 인과성 개념의 본질을 이루는 연결의 '필연성'과 정면으로 배치되기 때문이다. 그래서 흄은 이 원인 개념을 지성의 선험성에서 추방하고는 지각들의 과정을 관찰하는 '습관'으로 대신했던 것이다.'

그러나 우리가 경험 중에 관계하는 대상은 사물들 그 자체가 아니라 현상일 뿐입니다. 물론 사물들 자체에 대해서는 그 인과의 필연성을 알 수 없습니다. 하지만 현상이라면 그 대상들은 경험 중에 일정한 방식으로 필연적으로 결합되어 있어야 합니다. 즉 경험적으로 인과 개념은 유효한 것입니다. 원래 우리가 경험하는 모든 대상('현상')은 시간의 관점에서 선후관계에 있거나 동시적 관계 안에 있어야 합니다. 우리는 사물들의 선후와 동시성 이외에 다른 시간적 경험을 가질 수 없습니다. 만약 시간의 관계가 선후라고 한다면 잇따르는 현상들을 시간적으로 일정한 결합관계 속에서 파악하지 않으면 '경험'이라는 것 자체가 불가능하다는 것이 『순수이성비판』에서 증명된 사실입니다.

예를 들어 파도의 표상과 선박의 전복이라는 표상이 있다고 합시다. 이 표상들을 결합해서 파도라는 '원인'에 의해 선박의 전복이라는 '결과'가 초래되었다고 파악(인식)하는 것이 우리의 '경험'입니다. 두 표상을 아무런 순서도 매기지 않은 채 놔두면서 표상을 지각하는 것만으로는 경험이 이루어지지 않습니다. 그리고 이 특정한 (인과적) 질서는 잡다한 표상들이 줄 수 있는 것이 아닙니다. 표상의 순서는 파도가 먼저일 수도 있고 전복된 선박이 먼저일 수도 있습니다. 어쨌든 감성은 받아들이기만 할 뿐 질서를 창출하는 능력이 없습니다. 어떤 순서로 표상이 지각되든 지성은 '인과'라는 '선험적' 개념을 통해 파도에 의한 선박의 전복이라는 질서와 인식을 만들어 냅니다.

이처럼 칸트는 『순수이성비판』에서 원인이라는 선험적 개념이 현상들을 종합하는 실제적인 작용을 한다는 사실을 연역을 통해 증명합니다. 원인 개념의 가능성을 경험적 원천 없이도 순수지성으로부터 밝힐 수 있었던 것입니다. 반면에 흄은 경험적 원천에서는 원인 개념을 찾을 수 없기 때문에 그 개념을 아예 제거해 버리고는 인과적 개념은 사실상 습관이라는 우연적이고 반복적인 지각에 불과하다고 주장하면서 회의주의를 초래하게 됩니다. 그런데 칸트의 증명과 더불어 원인 개념은 경험적인 차원이 아니라 인간 지성의 선험적 차원에 분명히 존재한다는 사실이 확인된 것입니다. 이에 따라 원인 개념의 기원에 관한 경험론적 관점을 제거할 수 있게 되었고, 동시에 경험주의의 불가피한 귀결인 회의주의도 근본적으로 박멸할 수 있게 된 것입니다. 물론 이는 인과성 개념이 물자체에 대해서가 아니라 오직 현상의 수준에서만 선험적으로 확보될 수 있다는 제한 아래서이긴 합니다.

예지계에서 인과 개념을 사용할 수 있는가

그렇다면 이제 본격적으로 문제가 발생합니다. '현상'의 수준으로 제한했던 이 인과성 범주가 도덕법칙의 경우처럼 경험의 한계를 벗어난 예지계적 사물에까지 적용될 수 있는 것일까요?『순수이성비판』에서는 이 개념의 객관적 실재성이 오직 가능한 경험 대상들과 관련해서만 확보되었습니다. 그런데 칸트는 인과성 범주의 이성적 차원에 대한 적용도 아무런 문제가 없다고 말합니다. 어떻게 그럴 수 있는 것일까요?

사변이성이 자유라는 개념을 '인식'할 수는 없어도 '생각'할 수는 있다고 소극적으로 규정할 때 그것이 어떤 의미일지 다시 떠올려 보겠습니다. 인과 개념은 순수지성 안에 있습니다. 그리고 이 개념은 감성적 직관(여러 표상들)이 주어지면 그 직관들을 특정한 질서로 종합하는 활동을 통해 경험적 '인식'을 가능하게 합니다. 그렇다면 이 선험적인 인과 개념 안에 감성적 직관이 주어지지 않으면 어떻게 될까요? 인과 개념이 무용지물이 되는 것일까요? 칸트는 그렇지 않다고 주장합니다. 인과라는 개념에 직관이 주어지지 않을 때 우리가 할 수 없는 것은 이론적 인식뿐입니다. 즉 그 대상에 대한 경험적 규정입니다.

그런데 예지계처럼 우리의 경험적 한계를 넘는 세계에 대해서까지 지성이 인식하고자 할 때는 이율배반이 발생한다고 했습니다. 대표적으로 '자유가 있다/자연인과만 있다'는 세번째 이율배반이 그렇습니다. 그래서 사변이성은 자신의 한계를 현상계 안으로 제한했습니다. 초험적인 변증에 빠지지 않기 위해서이죠. 그렇다고 저 '자유'라는 예지계적 개념을 '생각'할 수 없는 것은 아닙니다. 그저 인식하지 못할 뿐입니다. 왜냐하면 '자유'란 경험적 직관에 의해 주어지는 현상계적 사물이 아니기 때문이죠.

지성에 자리한 범주들(긍정, 인과, 필연 등)은 대상들과 관계하는데, 이때 대상은 감성적인 직관일 수도 있고 비감성적인 물자체일 수도 있습니다. 어쨌든 지성의 범주는 그것이 어떤 것이든 대상과 관계를 맺는 데 있어 거침이 없습니다. 지성의 개념이 감성적 직관과 관계를 맺게 되면 대상에 대한 인식과 경험이 가능해집니다. 물자체와 관계를 맺으면 어떻게 될까요? 물자체는 사변이성이 도달할 수 없는 한계 영역입니다. 그러므로 인과 개념과 물자체의 관계는 사변적 관심 대신 실천적인 관심에서 전개됩니다. 우리는 예지계(물자체)와 실천적으로 관계를 맺고 있는 것입니다.

"이 개념이 가령 (경험의 대상들일 수 없는) 사물들 그 자체와 관계 맺어질 때 이론적 인식을 위한 일정한 대상 표상을 위해 아무런 규정도 할 수 없을지라도, 그럼에도 이 개념은 언제나 다른 어떤 (아마도 실천적인) 목적을 위해서는 그것을 적용하기 위한 규정을 할 수 있겠다. [그러나] 만약 흄이 본 것처럼 이 인과성 개념이 도무지 생각 불가능한 무엇인가를 함유하고 있다면 이런 일은 있을 수 없을 터이다"(A95). 정리하자면 칸트는 인과 개념을 부정하는 흄과 달리 그것을 두 가지 용법으로 나눠서 사용하고 있다고 할 수 있겠습니다. 인과 개념의 이론적 사용은 경험적 직관들을 인식하는 데 유용합니다. 반면에 인과 개념의 실천적 사용은 물자체('자유')와 관련해 우리 의지를 규정하는 도덕에 있어 유용합니다.

이 개념을 예지체에 적용하는 조건(사변적 차원이 아닌 실천적 차원)을 발견하려면 왜 우리가 이 개념을 경험 대상에 한정하지 않고 물자체에까지 적용하고 싶어 하는지 우리의 의도를 살펴볼 필요가 있습니다. 이성은 이론적 인식의 차원에서 대상들과 맺고 있는 관계 이외에 욕구 능력과도 관계를 갖는데, 이 욕구 능력을 의지라 부르고, 이성이 정념적 동기가 아니라 순전한 법칙 표상에 의해 도덕적으로 실천할 때는 순수의지라고 합니다. 그리고 앞에서 살펴보았듯이 이 순수의지(순수실천이성)의 객관적 실재성은 도덕법칙 안에 선험적으로 하나의 사실처럼 주어져 있습니다.

그런데 잘 보면 의지라는 이 개념 안에 원인성 개념이 이미 포함되어 있다는 사실을 알 수 있습니다. 의지는 어떤 행위(대상)를 초래하는 원인이기 때문이죠. 그렇다면 의지를 촉발하는 다른 외부적 원인이 없는 순수의지라는 개념 안에는 자유와 함께하는 원인성 개념이 포함되어 있을 것입니다. 그리고 이 원인성(자유)은 현상적인 자연법칙들에 따라 규정될 수 없으므로 경험적 직관에 의해서는 그 실재성이 증명될 수 없습니다. 그럼에도 불구하고 이 자유(의지)라는 원인성은 순수

실천 법칙을 통해 실천적인 사용 속에서 선험적으로 그 객관적 실재성이 정당화됩니다. 무릇 자유의지를 가진 존재자라는 개념은 현상계에서가 아니라 오직 예지계에서만 원인이라는 개념이 될 것입니다.

이때 원인 개념은 근원적으로 일체의 감성적 조건들로부터 독립적이므로 스스로 현상들에 국한되지 않고 순수 예지적 사물들에만 적용될 수 있을 것입니다. 물론 이 예지적 원인이라는 개념에 대해서는 직관이 대응할 수 없으므로 생각할 수는 있겠어도 공허한 개념임에는 틀림없습니다. 그렇다고 이 개념을 포기할 필요까지는 없습니다. 이제 한 존재자가 순수 의지를 갖는다면 우리는 더 이상 그 존재자의 성질을 이론적으로 알기를 요구하지 않습니다. 대신 그런 존재자를 단지 그렇게 자유로운 예지적 원인이라고 표시할 뿐입니다. 이제는 원인성 개념을 자유 개념과 도덕법칙에 결합하는 일로도 충분합니다. 이렇게 우리는 이 원인 개념의 비경험적 근원(예지적 차원)에 주목해 그 개념의 실재성을 규정하는 도덕법칙과 관련해서만 사용할 실천적 권한을 보유하게 되는 것입니다.

우리가 만약 흄처럼 인과성 개념으로부터 그 이론적 사용에서의 객관적 실재성을 물자체만이 아니라 감각 대상들에 대해서까지 박탈해 버렸다면 이 개념 자체는 아무런 의미도 없어졌을 것입니다. 이론적으로 무의미한 개념은 실천적으로도 쓸모가 없는 법입니다. 경험적으로는 무조건적인 원인이라는 개념(자유원인) 자체가 공허한 것이기는 해도(무조건적 원인에 해당하는 것을 우리는 경험할 수 없다) 그것이 초감성적으로는 언제나 가능하며 따라서 그 개념에 대해 도덕법칙에 의한 실천적 의미가 주어질 수 있는 것입니다.

그러므로 이 자유라는 원인 개념에는 그 이론적 실재성을 규정할 아무런 직관도 없지만 구체적으로 우리의 마음씨나 준칙들에서 보이는 것처럼 실천적 실재성을 갖고 있으며, 그에 따라 예지계에서의 권리를 인정할 수 있게 되는 것입니다. 그렇다고 이런 개념들을 통해 저 예지계적 세계에 대해 인식한다고 참칭하지는 않습니다. 광신은 바로 그런 참칭에 해당합니다. 지성 범주들에 의한 초감성적 사물에 대한 표상(대표적으로 '신')은 지식으로 헤아려지는 것이 아니라 언제나 실천적으로 관계하는 것임을 잊지 말아야 합니다. 따라서 이 경우에 실천적 의미에서나마 순수이론이성을 초감성적인 것에 적용함으로써 초험적인(transcendent) 것에 열광하도록 후원하는 바는 조금도 없습니다. 광신은 실천이성과 아무런 관계도 없습니다.

9강 _ 순수실천이성의 대상

물리적 가능성과 도덕적 가능성

지금까지 실천이성의 원칙이 무엇이고 어떤 과정을 통해 도출할 수 있는지 살펴보았습니다. 이제 실천이성의 '대상'에 대해 알아보겠습니다. 이성은 고유의 대상을 갖습니다. 사변이성의 대상이 경험적 직관이라면 실천이성의 대상은 무엇일까요? 칸트는 "자유에 의해 가능한 결과로서의 객관에 대한 표상"(A100)이라고 말하는데, 쉽게 말해서 도덕법칙에 따른 결과로서의 '선악'을 지칭합니다. 사변이성이 인식과 대상의 관계를 다룬다면, 실천이성은 의지와 행위의 관계를 다뤄야 합니다. 어떤 것이 순수실천이성의 대상인가 아닌가를 판정하는 일은 인식과 대상의 일치 문제가 아니라 선악으로 현실화할

터인 그런 행위를 의욕할 가능성 혹은 불가능성을 판별하는 일이 됩니다.

사변이성의 대상이라면 인식할 수 있을 것이고 사변이성의 대상이 아니라면 인식하지 못합니다. '현상'은 사변이성의 인식 대상이고 '물자체'는 사변이성의 사유 대상입니다. 실천이성도 이런 식으로 구별할 수 있습니다. 실천이성의 대상이라면 그런 행위를 적극적으로 의욕할 수 있다는 것이고, 만약 대상이 아니라면 그런 행위를 의욕할 수 없다는 뜻이 됩니다. '선'이라면 의욕할 것이고 '악'이라면 의욕하지 않겠지요. 그렇다면 이 '선악'은 어떻게 결정되는 것일까요? 무엇이 선이고 무엇이 악일까요? 여기서 실천이성의 대상(선악)에 대해 규정하는 칸트만의 독특한 관점이 드러납니다. 두 가지로 구별해서 살펴보겠습니다.

먼저 질료적 원리에 따른다면, 다시 말해 대상(돈을 많이 벌기 위해서는 성실히 일해야 한다)이 우리 욕구 능력을 규정한다면 그 물리적 실현 가능성(성실히 일하면 돈을 정말 벌 수 있다)은 실천이성의 대상(선악) 여부에 선행할 것입니다. 여기서는 돈을 벌 수 있느냐 없느냐가 중요하지 그것이 도덕적인지 비도덕적인지는 중요하지 않죠. 하지만 선험적인 도덕법칙(진실하라)이 행위를 규정한다면 실천이성의 대상 여부에 대한 판단은 물리적 능력의 여부(진실할 수 있는가 없는가)와는 관계없이 독립적으로 진행될 것입니다. 진실하게 행위할 수 있는가 없는가 하는 가능성 여부보다는 이 진실한 행위를 지향해야 하는가 하지 말아야 하는가 하는 가치판단을 하게 됩니다.

이처럼 질료적 원리를 벗어나 선험적 법칙이 행위를 규정할 때는 그 행위의 물리적 가능성과 상관없이 도덕적 가능성이 선행하게 됩니다. 이는 대상(질료)이 아니라 의지의 법칙이 행위의 규정 근거이기 때문에 그런 것입니다. 그 행위를 할 수 있는가 없는가가 아니라 그 행위를 해야 하는가 말아야 하는가 하는 차원의 질문이 바로 실천이성의 대상과 관련된 문제입니다. 그러므로 실천이성의 대상들에 대한 판별은 행위의 능력에 대한 질문이 아니라 도덕적 가치를 따지는 작업입니다. 그렇다면 도덕적 가치는 어떻게 결정되는 것일까요?

"실천이성의 유일한 객관들은 선악의 객관들뿐이다. 왜냐하면 전자는 욕구 능력의 필연적 대상을 뜻하고, 후자는 혐오 능력의 필연적 대상을 뜻하되, 양자 모두 이성의 원리에 따르는 것이기 때문이다"(A101). 칸트는 선을 욕구 능력의 대상으로, 악을 혐오 능력의 대상이라고 하면서 선과 악 모두 '이성의 원리'를 따른다고 말하고 있습니다. 선과 악이 먼저 있는게 아니라 이성의 원리에 따라 선과 악이 결정된다고 하는 듯합니다. 그렇다면 이 이성의 원리가 선악이라는 도덕적 가치를 결정하는 핵심임을 알 수 있겠습니다.

선이 도덕법칙을 규정하는 경우

먼저 이성의 원리와 반대되는 원리를 살펴보겠습니다. 만약 선이라는 개념이 실천법칙에서 도출되지 않고 이 법칙의 기초가 된다면, 다시 말해 선이라는 개념이 먼저 있어 도덕법칙을 규정한다면 어떤 일이 발생할까요? 미리 말해 두지만 우리의 상식적 도덕은 바로 이런 원리에 기반하고 있습니다. 우리에게는 실천할 선의 목록이 정해져 있으며 그에 따라 실천하면 도덕적이라고 말합니다. 그러나 칸트는 그런 것은 도덕적이지 않다고 말합니다. 더 정확히는 실천이성의 대상일 수 없다고 주장합니다. 왜 그런 것일까요?

미리 주어진 선의 목록이 도덕법칙의 기초가 된다면 이때 선이란 어떤 것일까요? 나에게, 혹은 우리에게, 더 크게는 국민 전체에게 선은 어떤 것일까요? 당연히 쾌를 약속하면서 주관(나, 우리, 국민)의 욕구 능력을 자극하는 것이겠죠. 그런 관점에서 악이란 우리를 불쾌하게 하는 것들이겠죠. 그러나 이런 상황에서는 과연 어떤 대상의 표상이 쾌를 주고 어떤 표상이 불쾌를 줄지 우리는 선험적으로 통찰할 수 없게 됩니다. 동일한 주관에 대해서도 쾌의 대상이었던 것이 다른 시간 속에서는 불쾌의 대상으로 변할 수도 있습니다. 그러므로 여기서 선과 악에 대한 결정은 철저히 경험적일 수밖에 없겠습니다.

이런 경험적 원칙 속에서 주관에 즐거움을 주는 것은 선, 고통을 주는 것은 악이라는 연관성이 생겨납니다. 하지만 이는 쾌와 선, 불쾌와 악을 구별하는 언어 사용(감정과 도덕의 구분)에 어긋나는 일이기도 하고, 선악이 쾌/불쾌와 선험적으로 직접 결합되어 있다고 확신할 수도 없습니다. 따라서 이런 궁지에서 벗어나기 위해 철학자들은 교묘히 말을 바꿉니다. 그들은 쾌가 선이라고 말하는 대신 쾌를 위한 수단은 선이라 하고, 고통을 주는 원인은 악이라고 일컫게 됩니다. 왜냐하면 쾌와 선의 연결에 대해서는 알 수 없지만 수단과 목적(쾌)의 관계를 판정하는 일만은 이성에 속하는 것이라고 할 수 있으니 말이죠.

그러나 이성만이 수단과 의도의 연결을 통찰할 능력이 있다고는 해도 이런 선악 개념에서는 수단이 되는 실천 준칙들은 그 자체로 좋은 것(선)이 될 수 없습니다. 여기서는 '진실하라'는 도덕적 준칙도 그 자체로 '선'한 것이 아니라 어떤 쾌를 위해 복무할 때만 선한 것으로 변합니다. 즉 언제나 다른 무엇인가를 위해 좋은 것을 의지의 대상으로 삼기만을 요구할 뿐인 것이죠. 이렇게 되면 좋은 것은 유용한 것일 뿐이고, 무엇인 가를 위해 유용하지 않은 것은 우리 의지의 바깥에 놓이게 됩니다. 결국 선이란 무엇인가 쾌적함을 위한 수단들 중에서만 찾아야 하게 되는 것입니다. 여기서는 윤리의 선험적 보편성이 성립하지 않습니다. 이처럼 선의 내용이 미리 규정되어 있어 이것이 실천 규칙이 되면 도덕적 법칙성과 보편성은 확보되지 않게 됩니다. 따라서 선(쾌)에 기초할 것이 아니라 도덕법칙에 기초해야 합니다.

보눔과 말룸

"보눔(bonum)의 이유에서가 아니면 우리는 아무것도 욕구하지 않고, 말룸(malum)의 이유에서가 아니면 우리는 아무것도 회피하지 않는다"(A103). 칸트는 이 오래된 정식이 보눔과 말룸이라는 개념의 애매함 때문에 많은 문제를 안고 있다고 합니다. 그러므로 각각의 개념에 대해 두 가지 뜻을 갖고 있는 독일어를 바탕으로 살펴보는 게 이 문장 해석에서 유용합니다. 독일어로 보눔은 선(Gute)과 복(Wohl)이라는 뜻을, 말룸은 악(Böse)과 해악(übel)[禍, Weh]이라는 뜻을 각각 갖고 있습니다.

이 구분법에 따르면 하나의 행위에 대해 그 '선악'을 고찰하는 것과 '화복'을 고찰하는 것은 전혀 다른 문제가 됩니다.

그래서 앞의 명제가 "우리는 우리의 복이나 화를 고려해서가 아니면 아무것도 욕구하지 않는다"로 번역된다면, 화복을 결정하는 것은 경험적일 수밖에 없으므로 그들이 무엇을 고려해서 행위할지 알 수 없게 됩니다. 이때의 화복은 앞에서 말한 선(쾌)이라는 개념이 도덕법칙을 지시하는 경우에 해당됩니다. 여기서는 우리에게 기쁨을 주고 행복을 주는 것만을 선이라고 규정하겠다는 원리가 지배적입니다.

하지만 저 명제를 전혀 다르게 생각할 수도 있습니다. 기쁨과 행복이라는 선이 도덕법칙을 규정하는 것이 아니라 도덕법칙에 따르는 것을 선이라고 하는 것입니다. 선에 대한 개념 규정이 달라졌습니다. 바로 이것이 칸트의 선악 개념입니다. 그렇게 되면 이 명제는 "우리는 이성의 지시에 따라 오로지 우리가 무엇인가를 선하거나 악하다고 간주하는 것이 아니라면 아무것도 의욕하지 않는다"처럼 새길 수 있습니다. 여기서는 기쁨의 선을 추종하는 것이 아니라 '이성의 지시'를 따르는 것이기 때문에 경험적인 원리에 그칠 이유가 없습니다. 이성적인 지시는 모든 경험적 질료를 제거한 순수 형식이 갖는 선험적 보편성을 확보할 수 있게 하기 때문입니다.

'화'나 '복'은 우리의 쾌적함이나 불편함과 관계합니다. 여기서 한 대상에 대한 욕구나 혐오는 그 대상이 우리 감성에 야기한 쾌와 불쾌의 감정과 관계되는 한에서 발생합니다. 반면 '선'이나 '악'은 항상 이성의 법칙에 의해 의지가 어떤 것을 그의 대상으로 삼게끔 규정되는 한에서의 이 의지와의 관계를 의미합니다. 이때 의지는 대상이나 대상의 표상에 의해 직접 규정되지 않으며 이성의 규칙을 행위의 운동인으로 삼아 어떤 행위를 실현하는 능력이 됩니다. 그러므로 선이나 악은 본래 인격의 행위들과 관계되는 것이지 인격의 감정 상태와 관계되는 것이 아닙니다.

몹시 심한 통풍의 고통을 겪고 있던 한 스토아학파의 현인이 "고통아, 아무리 괴롭혀도 나는 네가 무슨 악한 것이라고 인정하지는 않을 것이다" 하고 외칠 때 그를 비웃을 수는 있으나 그가 틀렸다고는 할 수 없습니다. 왜냐하면 그가 느꼈던 고통은 '해악'이지 '도덕적 악'이 아니었기 때문입니다. 이때 고통은 그의 상태의 가치를 깎을 뿐이지 인격의 가치를 깎지 않습니다. 여기서 그로 하여금 소리치게 한 것은 고통이지 악이 아닙니다. 우리가 선하다고 말할 수 있는 것은 모든 이성적 인간의 판단에 따라 욕구되는 대상일 수밖에 없고, 악이란 모든 사람의 눈에 혐오의 대상으로 간주되는 것입니다. 그러므로 이를 판정하기 위해서는 감관 이외에 이성이 필요합니다.

평화를 사랑하는 사람들을 우롱하고 날뛰던 자가 두들겨

맞는다면 이는 물론 그에겐 해악이긴 하지만 모든 사람이 잘한 일이라고 찬동할 것이고, 심지어 얻어맞은 그조차 이성적으로는 자신에게 일어난 일이 당연했다고 인식할 것입니다. 왜냐하면 이성이 그에게 제시하는 안녕함과 바른 처신 사이의 비례가 정확히 실행되고 있음을 그 자신이 볼 것이니 말입니다. 물론 인간도 동물이니 감성적인 행복을 추구할 수밖에 없긴 합니다. 그래도 인간은 단순히 화복을 계산하기 위해서가 아니라 이보다 더 높은 직분을 위해 이성을 갖습니다. 즉 모든 것이 꼭 행복에 달려 있는 것은 아닙니다. 이성 원리가 욕구 능력의 가능한 대상들을 고려하지 않고 그 자체로 의지를 규정할 경우에만 선한 행위가 됩니다. 다시 말해 그 준칙이 항상 이 법칙에 적합한 의지는 단적으로 모든 관점에서 선하고 모든 선한 것의 최상의 조건이 됩니다.

도덕적 차원의 코페르니쿠스적 전회

이제 선악의 개념이 도덕법칙에 앞서지 않고 도덕법칙에 의해 규정된다는 『실천이성비판』에서의 방법의 역설을 설명하겠습니다. 이를 도덕에 있어 '코페르니쿠스적 전회'라고 할 수 있겠습니다. 칸트는 선한 것을 따르는 도덕법칙을 주장한 것이 아니라 도덕법칙을 따르는 것만이 선하다는 전혀 새로운 주장을 하고 있는 것입니다. 칸트는 윤리를 둘러싼 과거의 철학이 범한 잘못을 다음과 같이 지적합니다.

윤리성의 원리라는 것이 순수하고 선험적으로 의지를 규정하는 법칙임을 모른다 하더라도 아무런 근거 없이 원칙들을 받아들이지 않기 위해서는 의지가 경험적으로 규정되는지 선험적으로 규정되는지 처음에는 미결로 남겨 두었어야 합니다. 그런데 기존의 철학자들은 그렇게 하지 않고 의지의 법칙을 도출하기 위해 선의 개념에서 출발한다고 가정했고, 그래서 선한 것으로서의 대상에 대한 개념이 의지의 유일한 규정 근거가 되고 맙니다. 그런데 이런 개념은 앞에서도 살펴본 대로 경험적이기 때문에 어떠한 선험적인 실천 법칙도 기준으로 갖고 있지 못합니다.

여기서는 선악의 시금석이 우리의 쾌와 불쾌의 감정과의 합치에 있게 됩니다. 이때 우리가 사용하는 이성은 기껏해야 어떤 것이 우리에게 쾌를 주는지 그 수단이 되는 대상을 규정하는 일에 그치게 됩니다. 이렇게 되면 선험적으로 의지를 규정하는 근거가 있는지 어떤지를 탐구할 수 있는 근거는 사라지고 순수 실천 법칙들을 생각할 가능성마저 미리 빼앗기게 됩니다. 하지만 반대로 실천 법칙을 먼저 천착했더라면 도덕 법칙이 선의 개념을 규정할 수 있다는 사실을 발견했을 것입니다. 즉 실천적 영역에 있어 이성의 입법적 능력을 확보할 수 있었던 것이죠.

이상의 주석은 매우 중요합니다. 도덕의 최상의 원리와 관련해 기존의 철학자들의 혼란을 야기한 모든 근거가 일거에 설명되었습니다. 그들은 대상을 법칙의 질료이자 기초로 삼기 위해 의지의 대상을 찾았던 것입니다. 그들은 선험적이고 직접적으로 의지를 규정하는 법칙을 탐구하지 못했던 것입니다. 그런데도 그들은 선에 대한 최상의 개념을 제공할 쾌의 대상을 행복, 완전성, 도덕감정, 신의 의지 같은 것에 두고 싶어 했습니다. 개인의 행복이 아니라 신의 의지에 두더라도 그들의 원칙은 근본적으로 타율이었고, 불가피하게 도덕법칙을 위한 경험적 조건들에 부딪치지 않을 수 없었습니다. 경험적 조건에 따라 도덕법칙이 달라지는 혼란스런 상황이 계속되었던 것이죠.

오로지 형식적인 법칙만이, 다시 말해 이성에게 준칙들의 최상 조건을 위한 보편적인 법칙 수립의 형식만을 지정해 주는 그런 법칙만이 선험적으로 실천이성의 규정 근거일 수 있는 것입니다. 하지만 옛사람들은 도덕 연구에 있어 그 출발점을 최고선(대상) 개념을 규정하는 데 둠으로써, 다시 말해 도덕법칙에서의 의지의 규정 근거로 삼으려 했던 대상을 규정하는 데 둠으로써 심각한 오류에 빠졌던 것입니다. 최고선을 무엇으로 삼을 것인지는 철학자들마다 다를 수밖에 없고 각자의 주관적 경험에 따라 다를 수밖에 없습니다. 여기서는 도덕법칙이 형성될 수도 없으며, 경험에 종속된 타율적 도덕이 지배할 수밖에 없습니다.

무릇 선악 개념들은 선험적 의지 규정의 결과들이지(도덕법칙이 의지를 규정할 때의 결과가 선악) 의지에 작용하는 대상들에 대한 규정이 아닙니다. 그리고 이 개념은 순수이성(도덕법칙, 자유의지)이라는 원인성을 전제하므로 대상을 인식하는 데 사용하는 순수지성의 개념들(가령 인과)과 같은 방식으로 대상들과 관계하지 않습니다. 선악 개념은 대상을 규정하는 원인 개념이 아닙니다. 지성의 범주로 쓰이는 인과 개념은 우리 의식에 주어지는 잡다한 직관들을 종합하고 통일하는 규정들입니다. 그러나 선악이라는 개념은 사변이성에서처럼 그렇게 어떤 행위들을 규정하고 통합하는 역할을 하지 않습니다. 사변이성에서 말하는 '개념'과 실천이성에서 말하는 '개념'은 아주 다른 것입니다.

칸트는 선악을 인과성 범주의 한 양태라고 하는데, 이 말은 실천이성의 영역에서는 도덕법칙(원인)이 의지를 규정해서 도출되는 행위(결과)가 선이 되거나 악이 된다는 뜻(인과성의 한 양태로서 선과 악)이지 선과 악이 미리 의지나 행위를 규정하는 개념이라는 뜻이 아닙니다. 차라리 선악 개념들 입장에서는 이 행위나 객관들은 도덕법칙에 의해 규정되어 이미 주어진 것이라 볼 수 있습니다. 이 인과법칙은 자유의 법칙으로서 이성이 자기 자신에게 주는 것이고 그로써 자기 자신이 선험적으로 실천적임을 증명하는 그런 것입니다. 그렇게 해서 행위들은 한편으로는 자유의 법칙 아래 있으면서도 다른 한편으로는 감성적 현상에 속하는 것으로서 존재할 수 있습니다.

이 자유의 범주들(선악 개념에 따른 것들, 예를 들어 양의 범주들에서는 주관적 준칙, 객관적 훈계, 선험적 법칙. 질의 범주들에서는 권고의 규칙, 금지의 규칙, 예외의 규칙 등)은 저 자연의 범주들에 비해 명백한 특징을 갖습니다. 자연의 범주들(지성의 범주들)은 무규정적인 객관들을 보편적인 개념들을 통해 인식하는 사고 형식이었지만, 자유의 범주들은 자유로운 의사의 규정에 관계하므로 실천적 요소 개념들로서 직관의 형식(시공간) 대신 이성 중에 있는 순수의지의 형식을 주어진 것으로 그 기초에 두고 있습니다. 따라서 순수실천이성의 모든 지시규정들에서는 의도를 실행하는 의지 규정만이 문제가 되기 때문에 선험적인 실천 개념들(자유의 범주들)은 자유의 최상 원리와 관계 맺음으로써 곧바로 인식이 될 수 있고 의미를 얻기 위해서 직관들을 기다릴 필요가 없는 것입니다.

10강 _ 지성의 역할과 도덕법칙의 범형

도식과 범형의 차이

지금까지 이성의 입법 과정에 대해 살펴보았습니다. 이성은 정념적 동기 없이 순수한 법칙적 형식을 통해 의지를 규정합니다. 그렇다면 실천적 영역에서는 우리의 마음의 능력 중에서 오직 이성만이 지배력을 행사하는 것일까요? 지성이나 상상력과 같은 다른 마음의 능력은 아무런 역할도 하지 않는 것일까요? 사변적 관심 속에서 입법하는 것은 지성이었습니다. 그렇다고 이성이 지성에게 모든 것을 맡기고 방관자가 된 것은 아니었습니다. 지성이 현상들을 종합하면서 자연에 대해 법칙적인 인식을 확립할 때 이성은 그런 인식을 전체적으로 통일해 줄 어떤 커다란 원리의 역할을 하고 있었습니다. 그것이 이성의 추리 능력이었습니다.

마찬가지로 실천적 영역에서 입법하는 것은 이성입니다. 이성이 우리의 의지를 규정합니다. 그렇다고 지성이 모든 것을 이성에게 맡기는 것은 아닙니다. 지성도 나름의 역할을 하고 있습니다. 여기서 지성은 판단하고 추리하며 상징화합니다(들뢰즈, 『칸트의 비판철학』, 66~67쪽). 이성이 의지를 규정할 때 지성은 우리의 준칙이 실천이성에 적합한지 판단합니다. 우리의 행위가 이성의 원칙에 따르는 경우인지 판단하는 것이죠.

도덕법칙이 우리의 의지를 선험적으로 규정한다고 하더라도 구체적인 행위는 특정한 준칙 아래 행해지게 되어 있습니다. 특정한 준칙이란 곧 우리가 살아가는 감성적 자연의 세계에서 통용되는 행위 원칙입니다. 그래서 감성세계에서의 우리의 행위가 과연 이성의 실천 규칙 아래에 있는 것인지 판별하는 일은 실천적 판단력의 소관입니다. 즉 규칙에서 일반적이고 추상적으로 말해진 것이 이 실천적 판단력에 의해 하나의 행위에 구체적으로 적용되는 것입니다. 물론 여기서 행위의 내용은 중요치 않습니다.

순수이성의 실천 규칙은 하나의 법칙이므로 행위의 현존과 관련하여 필연성을 수반하는 법칙입니다. 다시 말해 의지가 모든 경험적인 것으로부터 독립해 규정되어야 하는 자유의 법칙입니다. 하지만 그것은 동시에 현실 속에서 가능한 행위로 나타나야 하기 때문에 오로지 경험적일 수밖에 없으며 경험과 자연에 속해야 합니다. 그런데 자연법칙 속에서 윤리적 선이라는 초감성적 이념이 적용되는 경우를 발견하고자 하는 것은 아무래도 터무니없는 일로 보입니다.

우리는 저 예지계의 세계를 전혀 모르고 있습니다. 그것이 자유의 법칙을 따른다는 것만을 알고 있을 뿐 그 구체적인 차원에 대해서는 인식하지 못합니다. 그래서 어떤 준칙이 초감성적 자연의 실천 법칙일 수 있는지 우리는 곧바로 알 수가 없습니다. 실천이성의 판단력도 사변이성의 판단력과 마찬가지로 경험적 질료들에 적용되는 데 있어 어려움이 있습니다. 사변이성의 경우 감성적인 직관과 선험적인 지성의 질적 이종성이 문제가 되었던 것이죠. 『순수이성비판』에서는 상상력이 만들어 내는 도식(schema)작용을 통해 직관과 지성이 서로 소통할 수 있는 것으로 해결을 했습니다.

그러나 윤리적 선은 초감성적인 세계의 것이기 때문에 어떠한 감성적 직관에서도 그에 대응하는 것이 발견될 수 없다는 특성이 있습니다. 그런 점에서 실천이성에 있어서는 초감성적인 자유의 법칙이 자연에 속하는 사건인 감성적이고 경험적인 행위들에 적용되어야만 하는 데서 발생하는 어려움이 있습니다. 사변이성의 영역에서는 동일한 현상계 내에서의 감성과 지성의 결합이 문제였다면 실천이성의 영역에서는 현상계와 예지계의 결합이라는 새로운 문제가 생겨나는 것입니다.

사변이성의 문제보다 훨씬 더 어려운 문제에 봉착했습니다. 하지만 유리한 측면도 있는데, 이 차원에서는 그 행위가 가능한지 아닌지 그런 사항은 문제가 되지 않는다는 점입니다. 가능성과 불가능성은 이론이성의 범주이고 문제입니다. 우리는 행위의 가능성을 따지는 것이 아니라 그 행위가 도덕법칙의 '형식'에 일치하는지를 따지고 있습니다. 자연적 인과성은 자연 개념들에 속하고, 이 자연 개념들의 도식은 (초월적) 상상력이 설계합니다. 상상력이 '계기의 연속(succession)'이라는 시간의 도식을 만들어 직관 자료(파괴된 선박이라는 표상, 폭풍이라는 표상 등)와 지성의 범주(인과) 간의 연결을 가능하게 하는 것입니다. 이때 우리는 '폭풍에 의해 파괴된 선박'이라는 (인과 개념에 의해 종합된) 대상을 형성하게 되는 것입니다.

그러나 도덕법칙의 영역에서는 자유법칙이 의지를 규정하는 일만이 중요할 뿐 그것이 결과적으로 경험적 직관에 있어 어떤 행위를 낳는 것인가 하는 점은 중요하지 않습니다. 실제적으로 발생하는 행위라는 내용의 차원이 중요하지 않기 때문에 여기서는 직관을 관리하는 상상력이 활약할 여지가 없습니다. 우리는 지금 감성의 차원을 염두에 둘 필요가 없습니다.

앞에서도 이야기했듯이 윤리의 세계는 감성적 질료가 제거된 형식의 세계라고 했습니다. 우리는 이 형식을 문제 삼아야 합니다. 상상력이 활약하지 않는 영역이므로 예지계와 현상계를 연결할 때 도식은 형성되지 않습니다.

그래서 칸트는 법칙의 구체적 사례(감성적 질료의 차원)가 아니라 법칙 자체에 대해 사변이성에서 상상력이 했던 것처럼 도식과 같은 것이 만들어지면 좋겠다고 말합니다. "그러나 여기서는 법칙들에 따르는 경우의 도식이 문제가 되는 것이 아니라 법칙 자체의 도식이 — 만약 이 말이 여기서 적절하다면 — 문제가 된다. 왜냐하면 법칙에 의한 의지 규정은(그것의 성과와 관련한 행위가 아니라) 오로지 다른 규정 근거 없이 인과성 개념을 자연의 연결을 이루는 조건들과는 전혀 다른 조건들과 묶기 때문이다"(A121).

위의 인용에서 칸트가 "만약 이 말이 여기서 적절하다면" 하고 단서를 달았듯이 여기서 말하는 도식은 상상력이 만드는 시간의 '도식'이 아닙니다. 감성계와 예지계를 연결하는 데 있어 질료적 차원은 개입할 수 없습니다. 그리고 직관적 질료와 관계하지 못하는 것은 시간 계열을 형성할 수도 없기 때문에(예지계는 무시간적) 시간의 도식을 형성할 수 없습니다(김석현, 「칸트 윤리학에 있어서 실천적 도식론으로서의 전형론과 시간」, 44

쪽). 그러므로 여기서는 행위의 내용이 아니라 준칙의 형식이 문제일 뿐입니다. 왜냐하면 실천이성의 영역에서 의지에 대한 법칙의 규정은 그 성과와 관련된 행위가 아니라 다른 규정 근거 없이 의지 자체에 대해 자유가 원인으로 작용해야 한다는, 다시 말해 의지가 철저히 형식에 의해 지배되어야 한다는 조건만을 갖기 때문입니다.

직관 질료들을 마주칠 기회가 없는 이성에 있어 도움을 받을 수 있는 유일한 영역이 바로 지성입니다. 그리고 지성의 개념들(특히 인과)은 직관의 질료가 주어지지 않는 한 언제나 선험적 '형식'으로 기능하는 것이므로, 이성은 지성의 인과라는 선험적 형식의 도움을 받아 구체적인 행위의 준칙을 판단하게 되는 것입니다. 감성적 자연법칙이라는 그 형식과의 유비를 통해 간접적으로 확인하는 것이죠. 이처럼 예지계의 도덕법칙 자체에 대해 일종의 도식처럼 기능하는 것이 바로 지성의 자연법칙으로서, 칸트는 이를 도덕법칙의 '범형'(type)이라고 부릅니다. 이제 감성계의 자연은 저 초감성적 자연의 범형으로 볼 수 있게 되는 것입니다. 그 구체적 모습을 확인할 수 없는 예지계의 법칙을 감성계의 자연이라는 범형을 통해 우리는 상징화시킬 수 있습니다. 이것이 지성의 역할입니다.

자연법칙을 범형으로 해서 도출되는 판단력의 규칙을 칸

트는 다음과 같이 정리합니다. "네가 하고자 하는 행위가 네 자신이 속한 자연법칙에 따라서 일어나는 것이라면 과연 그 행위를 네 의지에 의해 가능한 것으로 볼 수 있는지 네 자신에게 물어보라"(A122). 우리의 행위가 자연법칙의 형식에 합치할 때 그 법칙적 행위를 자신의 의지가 원한 것으로 할 수 있는지 물어보라는 것입니다. 조금 난해해 보입니다. 그러나 칸트는 실제로 이 규칙에 따라 누구나 자신의 행동에 대해 그 좋음과 나쁨을 판정하고 있다고 말합니다. 명제의 형식으로는 까다로워 보이지만 사실 자연스럽고 상식적인 일이라는 것입니다. 칸트가 들고 있는 예시의 도움을 받아야겠습니다.

사람들은 이렇게 말한다고 합니다. 만약 모두가 다음과 같은 질서 속에 있을 때 그런 질서 안에 너의 의지의 동의 아래 머물 수 있겠는가? 자신에게 이익이 된다고 믿는 경우 모두 사기 치는 것을 허용하고, 생에 대한 권태에 빠지자마자 스스로 생을 마감할 권리가 있다고 생각하고, 타인의 곤궁에 아무런 관심도 갖고 있지 않은 그런 질서 안에. 그러나 사람들은 모두 알고 있습니다. 누군가 몰래 사기를 친다고 해서 모든 사람들이 그렇게 하지는 않는다는 것을. 남이 보고 있지 않을 때는 인정머리가 없다고 해도 모든 사람이 꼭 그렇지는 않다는 것을. 다시 말해 모든 사람이 생에 대한 권태 속에서 자살할 권리가 있다고 생각하더라도 그것이 자연법칙에 꼭 합당한 것이라고는 생각지 않는다는 것을. 고상한 윤리법칙 같은 것을 알아차리기엔 모자람이 있겠지만, 남에게 사기 치는 일을 자연스러운 일이라고 생각지 않는 것은 상식적이라는 것입니다.

물론 자연법칙 자체가 우리의 의지를 규정하는 것은 아닙니다. 다시 말해 행위 준칙과 보편적인 자연법칙의 이런 대조가 우리 의지의 규정 근거는 아닙니다. 하지만 자연법칙은 윤리적 원칙들에 따라 행위의 준칙을 판정하는 범형입니다. 그래서 만약 행위의 준칙이 자연법칙 일반의 '형식'에서 검사받고 통과될 수 없는 것이라면 준칙은 윤리적으로 불가능하다고 칸트는 말합니다. 이는 가장 평범한 지성조차도 받아들이는 바입니다. 왜냐하면 자연법칙은 언제나 가장 상식적인 판단들의 기초에 놓여 있기 때문입니다.

이렇게 윤리적 판정이 문제될 때는 언제나 자연법칙이 자유법칙의 범형의 역할을 합니다. 그러므로 앞에서 우리가 서로 분리시켰던 감성세계와 예지세계는 범형을 통해 결합합니다. 감성세계의 자연이 예지적 자연의 범형으로 사용되는 것인데, 물론 자연의 직관이나 경험적 질료를 예지적 자연에 옮기지 않고 그 자연의 합법칙성의 형식 일반만을 예지적 자연에 관계시키는 한에서일 뿐입니다. "왜냐하면 법칙들 그 자체는 그러한 한에서 그것들이 그것들의 규정 근거들을 어디서 취해오든 매한가지이니 말이다"(A124). 다시 말해 법칙은 감성세계든 예지세계든 언제나 필연성과 보편성이라는 형식만을 갖기 때문입니다.

경험주의적 도덕 비판

칸트가 실천이성의 영역에서 도식 대신 범형을 주장하는 이유는 바로 도덕의 현실적 적용이 던지는 심각한 위험성 때문입니다. 원래 자유와 모든 예지적 대상들(선악)은 도덕법칙 및 순수실천이성의 사용 이외에는 그 어떠한 실재성도 갖지 않습니다. 다시 말해 우리는 자유를 현실 속의 구체적인 경험으로 얘기해서는 안 됩니다. 선악도 마찬가지입니다. 순수실천이성은 저 감성적 자연을 그 순수형식의 면에서 판단력의 범형으로만 사용해야 합니다. 선악이라는 예지적 대상들의 범형에 속하는 것들을 이 선악 개념들 자신에게 실재적으로 속하는 것으로 계산하지 않도록 주의해야 합니다.

그런데 현실은 어떤가요? 누구는 이렇게 말합니다. 이런 행위가 바로 선이라고. 선은 행복을 낳고 행복은 다시 선을 낳는다고. 이런 지복이 바로 신의 뜻을 보여 주는 것이라고. 그러나 칸트는 실천이성의 차원에서는 절대 도식을 도입하지 않습니다. 도식은 지성의 개념과 구체적 경험을 연결해 주는 상상력의 기제입니다. 그러나 도덕의 영역에서는 이 도식이 활동하지 않는다고 했습니다. 행복을 경험했다고 그것이 예지적 선의 표현이거나 예지적 신의 강림일 수 없습니다. 칸트는 경험과 예지계를 연결한 것이 아니라 경험의 형식과 예지계적 법칙의 형식을 범형이라는 개념으로 연결했을 뿐입니다. 그래서 범형이라는 개념은 선악과 같은 실천 개념들을 행복이라는 경험 결과에 위치시키는 경험주의적 도덕을 예방합니다.

행복이라는 경험 결과를 가지고 선악을 판별할 수 있다는 경험주의는 경험들이 순전히 범형으로만 사용되어야 한다는 실천이성의 원칙을 어기는 것입니다. 우리가 감성적 자연에서 보는 특정한 경험과 행위는 예지계의 표현이 아닙니다. 그것은 범형입니다. 자연은 예지계적 선과 자유를 형식의 동형성을 통해 상징할 뿐입니다. 상징과 도식은 다릅니다. 감성적 경험을 도식으로 간주하면 예지계적 자유가 경험적 직관에 연결될 수 있다고 말하는 이론적 무지를 드러내는 것입니다. 자유는 현상계의 차원에 존재하는 것이 아닙니다. 현상계의 경험은 자유에 대한 범형, 즉 상징일 뿐입니다. 비둘기는 평화의 상징일 뿐이지 평화의 구현이 아닙니다.

그러므로 칸트가 윤리의 차원에서 도식을 찾지 말고 범형을 찾으라 한 것은 중차대한 가치를 갖습니다. 그것은 신비주의적 도덕을 예방합니다. 신의 나라는 그저 상징일 뿐입니다. 그것은 구체적 현실에서 감성적으로 경험될 수 있는 것이 아닙니다. 그런데도 그 상징을 하나의 도식으로 간주하고는 신의 나라를 구체적으로 경험할 수나 있는 것처럼 생각하는 것은 초험적인(transcendent) 세계 속에서 헤매는 실천이성의 신비주의일 뿐입니다. 윤리적 세계의 상징으로 쓰이는 신의 나라라는 표현을 직접 경험하려는 모든 것들은 신비주의에 불과합니다. 윤리의 세계에서 필요한 것은 상상력의 도식이 아니라 자연법칙의 범형입니다.

"도덕 개념들의 사용에는 단지 판단력의 이성주의만이 적합하다. 이성주의는 감성적 자연으로부터 순수이성 자신이 스스로 생각할 수 있는 것, 다시 말해 합법칙성 이상을 취하지 않으며, 반대로 행위들을 통해 감성세계에서 자연법칙 일반의 형식적 규칙에 따라 현실적으로 드러나는 것 이외에는 아무것도 초감성적 자연에다 옮겨 넣지 않는다"(A125). 칸트의 도덕은 철저히 이성주의입니다. 경험적 근거는 도덕의 영역에서 신비주의와 경험주의만을 낳을 뿐입니다. 그렇다면 칸트의 이성주의적 도덕은 신비주의와 경험주의 중에서 어느 것을 더 경계할까요? 칸트는 범형이라는 개념이 도덕에 있어 경험주의에 대한 예방책으로서 훨씬 더 중요하다고 말합니다.

왜냐하면 신비주의는 도덕법칙의 숭고성과 어울리기도 하고, 상상력이 초감성적 직관에까지 이르기도 어렵기 때문에 실패할 수밖에 없으며, 보통의 사고방식에도 걸맞지 않아서 그 위험성이 그다지 보편적이지는 않기 때문입니다. 반면 경험주의는 행위와 그 결과만을 중시하기 때문에 도덕적 선의지 자체에서 성립하는 도덕적 가치를 그 내면으로부터 몰아내면서 윤리성을 송두리째 뽑아 버린다고 합니다. 여기서는 의무 대신 경향성(애착)과 몰래 교섭하는 경험적 관심이 들어섭니다. 자신의 욕망이나 애착에 유리한 것을 선한 것이라고 간주하는 경험주의가 최고의 실천 원리가 되면 인간성을 타락시키는 모든 경향성들과 함께 그 어떤 광신보다 위험하게 되는데, 그것은 원래 경향성들이 모든 사람들의 성향에 우호적이기 때문입니다. 원래 인간의 경향성과 결합한 경험주의적 광신 말고 다른 신비주의적 광신들은 경향성이 없기 때문에 지속되지도 않습니다.

11강 _ 실천이성의 동기

적법한 행위와 도덕적 행위

행위가 갖는 도덕적 가치의 본질적인 측면은 도덕법칙이 '직접적으로' 의지를 규정한다는 점에 있습니다. 칸트에게 이 조건은 굉장히 엄격한 것입니다. 설령 의지가 도덕법칙을 따르더라도 감정(쾌)을 매개로 해서 일어난다면, 다시 말해 법칙을 위해서 일어나는 것이 아니라면 그 행위는 적법성(legality)은 있어도 도덕성(morality)은 포함하지 않습니다. 기존의 윤리학에서는 도덕적인 것처럼 보였던 것도 칸트의 윤리학에서는 그저 적법한 것에 그치게 됩니다. 도덕적인 것과 적법한 것은 완전히 다른 것입니다.

가령 겉으로 보기엔 분명 '국가에 충성하라'는 신성한 의무에 일치하는 것처럼 보이는 행위가 있겠습니다. 그러나 그렇게 위장된 행위 이면에 개인의 욕망을 충족시키고자 하는 동기가 포함되어 있다면 칸트의 윤리학에서는 결코 도덕성을 갖지 않습니다. 적법한 행위일 수는 있어도 도덕적인 행위일 수는 없는 것이죠. 도덕적인 행위는 도덕법칙에 '맞춰서' 행한 것이 아니라 오로지 도덕법칙만을 '동기로' 삼아야 합니다. 왜냐하면 도덕법칙을 동기로 갖지 않더라도 행위 자체는 충분히 도덕법칙과 일치할 수도 있기 때문입니다.

이성이 본성상 반드시 객관적 법칙을 좇지는 않는 존재자의 의지를 주관적으로 규정하는 근거를 '동기'라고 한다면, 도덕법칙 이외에는 다른 동기가 없는 신의 의지에는 동기라는 말 자체를 쓸 수도 없겠습니다. 하지만 인간의 경우 행위가 법칙의 '정신'을 함유하지 않고 한낱 법칙의 '문자'만을 채우는 그런 것이 아니라면, 다시 말해 오로지 도덕법칙을 위해서만 행위할 경우, 행위에 대한 객관적인 규정 근거는 또한 주관적으로도 충분한 규정 근거여야 합니다. 다시 말해 주관적 동기와 도덕법칙이 완전히 일치해야 도덕적이라고 말할 수 있습니다. 그러므로 도덕법칙을 위한다면, 그리고 도덕법칙만이 의지에 영향력을 행사할 수 있도록 하기 위해서는 다른 동기를 구해서는 안 됩니다. 숨겨진 다른 동기를 위해서 도덕법칙을 따른다면 객관적인 도덕법칙과 나란히 다른 주관적인 동기들

(이익추구)을 작동시키는 것이므로 위선적인 상황에 빠지게 됩니다.

그렇다면 우리가 풀어야 할 문제는 이렇게 될 수 있겠습니다. 아무런 내용도 없는 텅 빈 도덕법칙이 어떻게 직접 의지를 규정해 동기로서 작동할 수 있는 것인가? 다시 말해 주관적인 동기도 없이 형식적인 법칙이 어떻게 의지의 규정 근거일수 있는 것인가? 그런데 칸트는 이 문제에 대해 단적으로 우리이성으로는 풀 수 없는 것이라고 말합니다. 자유의지의 가능성에 대해 우리가 그 실재성을 인식할 수 없었던 것과 마찬가지입니다. 이 물음 자체는 도덕성에 있어 본질적인 측면이긴하지만 애석하게도 근원적으로 주어진 능력에 대해서 우리는더 이상 해명할 수 없다는 것입니다. 그러므로 우리는 도덕법칙이 동기를 제시하는 선험적 근거에 대한 분석 대신 도덕법칙이 동기일 때 그 동기가 우리 마음에 미치는 영향이 어떤 것인지를 밝히는 방식으로 접근해야 합니다. 물음의 방식이 바뀝니다. 어떤 방식으로 도덕법칙이 동기가 되는가? 그리고 도덕법칙이 동기로 작동할 때 인간의 욕구 능력에는 무슨 일이일어나는가?

존경이라는 도덕감정

도덕법칙에 의한 의지 규정에서 본질적인 것은, 의지가 윤리법칙을 '거스르는' 모든 감정적 충동이나 경향성 일체를 거부하고 오로지 법칙에 의해서만 규정되는 자유의지라는 점입니다. 이제 도덕법칙이 의지와 만나는 그 예지적 장면을 추적하는 대신 도덕법칙이 우리의 경향성과 만나는 장면을 추적해 보겠습니다. 이때 동기로 작동하는 도덕법칙이 우리의 모든 경향성을 방해하고 불편하게 하면서 고통과 같은 감정을 불러일으키리라는 사실은 선험적으로 통찰할 수 있습니다. 특정한 욕망이나 기호에 대한 애착이 방해받을 때 우리가 그것을 불쾌와 고통으로 경험하는 것은 당연한 것입니다.

이제 실천이성적 인식과 쾌/불쾌의 관계를 규정해 볼 수 있겠습니다. 모든 경향성들의 만족이라는 이기심은 자기 사랑(self-love), 즉 모든 것을 능가하는 자기 자신에 대한 호의(benevolence)이거나 자기 자신에 대한 흡족(liking)의 마음입니다. 전자를 자기애(love for oneself), 후자를 자만(conceit for oneself)이라 할 수 있습니다. 순수실천이성은 도덕법칙에 앞서 우리 안에서 활발히 작동하는 자기애의 경우에는 도덕법칙과 일치하는 조건에 국한시킴으로써 단절시킵니다. 이를 이성적 자기 사랑이라고 합니다. 하지만 순수실천이성은 자만은 아예 타도해 버립니다. 도덕법칙과 합치하기 이전에 생긴 모든 자존심의 요구들은 아무런 권한도 없는 것이기 때문입니다.

윤리법칙과 합치하는 마음씨에 대한 확신이 모든 인격 가치의 첫째 조건이고, 이에 앞선 모든 참칭은 법칙에 어긋나는 것입니다. 그래서 자기 존중의 성향은 도덕법칙이 해를 입히는 경향성 가운데 하나입니다. 하지만 도덕법칙은 그 자체로 예지적인 원인으로서 적극적인 자유의 형식이기도 하기 때문에 이런 부정적인 감정만 주는 것은 아닙니다. 자만을 약화시키고 타도함으로써 우리를 겸허토록 하는 '존경'(respect)의 대상이라는 적극적 감정의 근거가 되기도 합니다.

물론 이 존경은 평소 우리가 어떤 사람을 존경한다 할 때의 그런 경험적인 감정이 아닙니다. 이는 선험적으로 인식되는 적극적인 감정입니다. 칸트는 도덕법칙에 대한 존경이 예지적 근거로 인해 생긴 감정으로서 우리가 완전히 선험적으로 인식하고 그 필연성을 통찰할 수 있는 유일한 감정이라고 말합니다. 사실 경험적이지 않고 선험적인 감정이 무엇인지 우리가 이해하기는 어렵습니다. 칸트도 이 사실을 설명하는 데 있어 상당히 곤혹스러워하는 듯합니다. 이 존경이라는 예지적인 감정에 대해 칸트는 이렇게 말하고 있습니다. "어떠한 정념적인 감정과도 비교될 수 없는 이 특별한 감정에다 대체 어떤 이름을 붙이는 것이 좀 더 잘 어울릴 수 있겠는가? 그것은 오로지 이성의, 그것도 실천적인 순수이성의 지시 명령 편에만 서 있는 것으로 보이는 매우 독특한 것이다"(A135).

도덕법칙에 앞서 의지의 대상으로 제시되는 모든 것은 배제되고 준칙들의 보편적 법칙 수립에 적합한 실천적인 형식만이 단적으로 선한 것을 규정합니다. 그렇기 때문에 이 '순수한 의지'만이 모든 관점에서 선하다고 말합니다. 그러나 감성적인 존재자들인 우리는 욕구 능력의 질료(경향성의 대상들) 앞에서 가장 많이 끌리는 법입니다. 정념적으로 규정받는 우리 자아는 자신의 요구를 가장 근원적인 것이라고 주장하려 합니다. 이런 자아를 의지 일반의 객관적 규정 근거로 만들고자 하는 성향을 자기애라고 할 수 있고, 이 자기애가 자신을 무조건적인 법칙수립자로 삼는다면 자만이라고 합니다. 진정 객관적인 도덕법칙은 최상의 실천 원리에 대해 행사되는 자기애의 영향을 전적으로 배제하고 자만에 대해 부단히 해를 입힙니다. 우리 자만에 해를 입히는 것, 그것은 우리를 겸허하게 합니다. 그러므로 도덕법칙은 모든 사람들로 하여금 불가피하게 자신의 감성적 성향을 도덕법칙과 비교하게 하면서 겸허하게 만듭니다.

우리를 겸허하게 하는 그런 표상, 우리 의지의 적극적인 규정 근거(즉 도덕법칙)는 존경을 불러일으킵니다. 그러므로 도덕법칙은 주관적으로도 존경의 근거입니다. 감정에 대한 부정적 작용 결과(불쾌)는 정념적입니다. 그러나 예지적 원인에 의해 경향성들에 촉발된 이성적 주체의 감정은 겸허(지성적 비하)라고 할 수 있지만, 법칙과 관련해서는 법칙에 대한 존경이라고 합니다. 원래 법칙 자체로는 어떤 감정도 생기지 않지만 법칙이 저항을 제거함으로써 그 법칙이라는 원인성을 적극적으로 촉진하는 것과 마찬가지이므로 도덕감정이라고 부릅니다. 이 감정으로 인해 정념적 감정 없이 도덕법칙에 이끌릴 수 있다는 것이 칸트의 생각입니다.

그러므로 도덕법칙은 순수실천이성적 행위의 형식적 규정 근거이자(모든 질료를 제외한 법칙의 형식이라는 규정) 선악이라는 행위 대상들의 질료적인(객관적인) 규정 근거이며(실천이성의 대상인 선악을 규정하는 근거), 이 행위를 위한 주관적 규정 근거(존경이라는 동기)라 할 수 있겠습니다. 왜냐하면 도덕법칙이 주관의 감성에 영향을 미치면서 의지에 대한 법칙의 영향을 촉진하는 감정(존경)을 불러일으키기 때문입니다. 물론 도덕성으로 향하게 할 감정이 주관 안에 선행하는 것은 아닙니다. 그리고 이런 일은 불가능하기도 합니다. 왜냐하면 모든 감정은 감성적인 것이고, 윤리적 마음씨의 동기는 모든 감성적 조건으로부터 자유로워야 하기 때문입니다. 따라서 이 존경의 감정은 순수실천이성에 의해 실천적으로 작동된 것이라 할 수 있습니다. 그러므로 법칙에 대한 존경은 윤리를 위한 동기가 아니라 오히려 윤리 자체이며 주관적으로만 동기로 간주되는 것이라고 해야 합니다. 그렇다면 일체의 감성에서 자유로운 존재자, 감성이 실천이성에 아무런 방해도 될 수 없는 존재자 (신)에게는 법칙에 대한 존경도 없다고 할 수 있겠습니다.

경탄의 대상과 존경의 대상

이 존경이라는 도덕감정은 오로지 이성에 의해 생긴 것입니다. 이 감정은 윤리법칙을 자기 안에서 준칙으로 삼기 위한 동기로만 쓰일 뿐 행위들에 대한 판정이나 객관적 윤리법칙의 정초에 쓰이지 않습니다. 그런 점에서 존경은 실천이성의 지시 명령 편에만 서 있는 것으로 보이는 매우 독특한 것이라 할 수 있습니다. 존경은 항상 인격들을 향해 있으며 결코 사물들을 향해 있지 않습니다. 사물들은 경향성이나 사랑, 공포(바다, 화산, 맹수의 경우)와 같은 감정은 불러일으킬 수 있지만 존경을 불러일으킬 수는 없습니다. 이 존경의 감정과 비슷한 것으로 경탄(admiration)이 있겠으나, 그것이 높이 솟은 산악, 천체의 광대한 크기, 동물들의 놀라운 움직임 등과 관계하는 것이라는 점에서 존경은 아닙니다.

그리고 재기와 용기와 권력이 대단한 사람이라 할지라도 공포나 경탄, 경이의 대상이 될 수는 있으나 존경의 대상이 될 수는 없습니다. 퐁트넬은 말합니다. "지체 높은 사람 앞에서 나는 몸을 굽히나 내 정신은 굽히지 않노라." 하지만 칸트는 덧붙여 말합니다. "나는 나 자신에게서 의식하는 것보다도 더 높은 방정한 품성을 감지하는 지체 낮은 보통 시민 앞에서 내 정신을 굽힌다"(A136). 칸트가 지체가 낮은 사람에게 정신을 굽힌 까닭은 그에게서 법칙의 준수, 그러니까 그 법칙의 실행 가능성이 그의 행실을 통해서 입증되고 있다는 본보기를 보았기 때문입니다. 그럴 때 우리는 자신의 자만을 타도하는 하나의 법칙을 인식하게 됩니다. 존경은 우리가 바치고 싶지 않다 하더라도 거부할 수 없는, 도덕적으로 고매한 모두에게 바치는 공물과 같은 것입니다. 비록 겉으로 이 존경을 보류할 수는 있겠으나, 내심 그것을 느끼는 것 자체를 막을 수는 없는 법입니다.

그러나 존경은 결코 쾌의 감정이 아닙니다. 우리의 자만을 공격하고 경향성을 굴복시키는 무거운 짐과 같은 것이 이 존경입니다. 그렇기 때문에 사람들은 마지못해 존경을 바칠 뿐입니다. 우리는 언제나 이 존경의 짐을 가볍게 해줄 수 있는 것은 어디 없는가 하고 찾아다닙니다. 윤리적 본보기로 인해 우리가 감수한 겸허에 대해 보상을 해줄 흠을 찾아나서는 그런 심정인 것이죠. 그래서 심지어 죽은 사람조차도 이런 비난과 비판으로부터 안전하지 않습니다. 아무리 도덕적으로 뛰어난 사람이었다 해도 그에게서 작은 오점이라도 발견하면 우리는 여지없이 공격합니다. 그러니 장엄한 존엄성을 갖춘 도덕법칙 자체에 대한 존경에서 벗어나고자 하는 시도가 많은 것은 당연합니다. 우리 자신의 무가치함을 그토록 엄격하게 꾸짖는 가혹한 존경에서 벗어나고 싶어 하는 것 말고 우리가 도덕법칙을 그저 친근한 경향성 정도로 깎아내리거나 지시규정으로 만들고자 하는 다른 이유는 없습니다.

"그럼에도 불구하고 존경에는 불쾌 또한 없어서 사람들이 일단 자만을 버리고 저 존경으로 하여금 실천적 영향을 미치도록 한다면, 사람들은 다시금 이 법칙의 훌륭함을 아무리 보아도 싫어할 수가 없고, 영혼은 그 신성한 법칙이 그것 위에, 그것의 연약한 본성 위에 숭고하게 있음을 보는 그만큼 그 자신이 고양되어 있다고 믿는다"(A138). 우리의 영혼 속에 도덕법칙만큼 숭고한 것은 없습니다. 아니 우리가 동물적 존재에서 인격적 존재로 변화될 수 있는 것은 저 도덕법칙 때문입니다. 도덕법칙에 대한 존경만이 도덕적인 동기라고 할 수 있고, 도덕법칙에 대한 존경의 감정은 오직 이런 동기로서만 그 의미를 갖습니다. 이 동기라는 개념에서 이성을 가진 존재자에게만 따르는 도덕적 관심(interest)이라는 개념이 생겨납니다. 도덕적인 선의지에서는 법칙 자체가 동기일 수밖에 없으므로 도덕적 관심이란 감성으로부터 자유로운 관심이고 실천적 이성의 순수한 관심입니다. 이 관심이라는 개념 위에 준칙이라는 개념이 기초해 있는 것입니다. 그리고 준칙은 법칙의 준수에서 취하는 순전한 도덕적 관심에 의거할 때만 진정 도덕적인 것이라 할 수 있습니다.

일체의 이익에서 벗어나 있는 순수한 도덕법칙에 대한 끝없는 존중(esteem)에는 특별한 무엇인가가 있다고 칸트는 말합니다. 이 도덕법칙의 목소리는 대담한 범죄자들도 떨게 만들 정도로 무시무시하게 울려 퍼집니다. 저 순수한 도덕법칙의 시선은 너무나 냉혹해서 그 시선으로부터 자신의 몸을 숨기지 않을 범죄자는 하나도 없습니다. 도덕법칙은 잔혹한 범죄자들이 주는 공포 이상의 공포를 범죄자들에게 보냅니다. 도대체 저 도덕법칙이 우리의 감정에 미치는 영향을 사변이성이 다 헤아릴 수 있을까요? 칸트는 불가능하다고 말합니다. 우리의 공포와 존중의 감정이 도덕법칙의 표상과 분리할 수 없이 연결되어 있다는 선험적 통찰만으로 만족해야 한다고 말합니다. 그만큼 저 도덕법칙의 세계는 더 이상 추리도 통하지 않는 숭고하고 신비로운 영역인 것입니다.

존경의 감정은 사변적인 것이 아니라 순전히 실천적인 것에만 관계합니다. 그것도 법칙의 어떤 질료 때문이 아니라 오로지 형식의 측면 때문에 법칙의 표상에 부착해 있는 감정입니다. 그러니까 그것은 즐거움이라고 할 수도 없고 고통이라고도 할 수 없는 그런 감정입니다. 숭고의 감정이라는 것이 이런 것일까요? 우리가 추측하기는 참으로 어렵습니다. 그럼에도 그것은 도덕적 관심이라고 부르는 법칙 준수에 대한 관심을 불러일으키는 그런 감정입니다. 그리고 법칙에 대한 그런 도덕적 관심을 갖는 능력(도덕법칙에 대한 존경)이야말로 원래 도덕감정이라고 하는 것입니다.

의무에 맞게 혹은 의무로부터

의지의 법칙에 대한 자유로운 복종의 의식은 모든 경향성들에 가해지는 강제와 결합되어 있는데, 이것을 도덕법칙에 대한 존경이라고 했습니다. 그리고 일체의 규정 근거에서 경향성을 배제하고 도덕법칙을 따르는 실천적 행위를 의무(duty)라 하는데, 의무는 이 배제 작용으로 인해 실천적 강요의 규정을 함유하게 됩니다. 이 강요의 의식은 법칙에 대한 복종을 요구하기 때문에 불쾌를 낳기도 하지만 순전히 이성의 법칙 수립에 의해 실행되는 것이므로 감정의 고양(elevation)도 낳습니다. 의무에 대한 수용은 일체의 이해 관심에서 벗어나 오로지 법칙에 의해서 규정되는 순수하게 실천적이고 자유로운 관심을 의식하게 됩니다. 그러므로 의무의 개념은 객관적으로는 법칙과의 합치를 요구하고 행위의 준칙에서는 주관적으로 의지를 규정하는 법칙에 대한 존경을 요구합니다. 바로 여기에서 '의무에 맞게' 행위했다는 의식과 '의무로부터', 다시 말해 법칙에 대한 존경을 바탕으로 행위했다는 의식 사이의 구별이 생깁니다.

　　의무에 맞게 행위했다는 의식('적법성')은 경향성들이 의지를 규정할 때도 가능하지만, '도덕성'은 행위가 오직 의무로부터, 다시 말해 순전히 법칙을 위해 발생할 때만 가능합니다. 행위의 도덕성이 그 행위가 만들어 낼 것에 대한 애호나 애착이 아니라 의무로부터 그리고 법칙에 대한 존경에서 나온 행위의 필연성에 놓이기 위해서는 모든 준칙들의 주관적 원리가 무엇이었는지 정확히 판별하는 게 중요합니다. 다시 말해 도덕적 판정에 있어 가장 중요한 것은 준칙을 채택한 동기가 의무로부터였는지(도덕법칙에 대한 무거운 존경) 아니면 의무에 맞게였는지(행위의 결과로 인해 얻을 수 있는 것에 대한 애착) 구별하는 일입니다.

인간에게 도덕적 필연성은 강요나 책무 혹은 의무여야지 자신이 선호하는 수행 방식으로 생각되어서는 안 됩니다. 다시 말해 위반에 대한 공포나 법칙에 대한 존경 없이 모든 의존성을 넘어서 있는 신성처럼 도덕법칙과의 합치가 우리의 천성이나 되는 것처럼 그렇게 의지의 신성성을 소유하게 될 것처럼 생각해서는 안 됩니다. 도덕법칙은 신의 의지에 대해서는 신성성의 법칙이지만 인간에겐 의무의 법칙이고 도덕적 강요의 법칙입니다. 다시 말해 그것은 우리의 마음이 즐겁게 수용하는 법칙이 아니라 법칙에 대한 존경과 의무에 대한 외경을 통해 행위를 규정하는 무거운 법칙입니다.

어떤 행위가 의무에 합치된다고 해서 의무로부터 생긴 것이 아닐 수도 있고 그 마음씨가 도덕적인 것이 아닐 수도 있습니다. 그러므로 도덕성을 평가할 때는 다른 어떤 주관적 원리도 동기로 받아들여서는 안 됩니다. 물론 타인에 대한 사랑과 호의에서 선한 일을 하거나 질서에 대한 애착에서 정의로운 것은 아름다운 일이겠습니다. 하지만 의무의 사상을 무시하고 지시 명령과 상관없이 순전히 자기 자신의 쾌에 기반해 독립적으로 행동하는 것은 인간의 처지에 맞지 않는 도덕적 준칙입니다. 우리는 이성의 훈육 아래 있고 오직 여기에만 복종해야 합니다. 자기애에 대한 망상에서 우리 의지의 규정 근거를 법칙에 대한 존경 이외의 것에 둠으로써 법칙의 위엄을 손상시켜서는 안 됩니다. 도덕법칙과 우리의 관계는 오직 의무와 책무라는 명칭 아래 있을 뿐입니다. 우리가 속해 있는 도덕적 국가의 법칙 속에서 우리는 신민이지 군주가 아닙니다.

"무엇보다도 하느님을 사랑하고, 네 이웃을 너 자신처럼 사랑하라"라는 이웃 사랑의 계율이 근사한 예가 되겠습니다. 여기서 실천하라고 명령된 '사랑'은 개인적 경향성이나 애착과는 아무런 관계가 없는 감정입니다. 그리고 이 계율은 사랑을 명하는 법칙에 대한 존경을 요구하는 것이지 이 사랑을 원리로 삼는 것을 임의의 선택에 맡기고 있지 않습니다. 원래 신에 대한 사랑은 정념적인 경향성으로는 불가능합니다. 신은 예지적 대상이지 감각적 대상이 아닙니다. 반면 인간에 대한 사랑은 가능하기는 하지만 지시 명령될 성질의 것이 아닙니다. 명령에 따라 타인을 사랑하는 능력은 그 어떤 인간에게도 없으니 말입니다. 그렇다면 이 계율은 도대체 어떤 사랑을 주문하고 있는 것일까요?

여기서 핵심은 정념적인 사랑이 아니라 실천적인 사랑, 즉 의무와도 같은 사랑입니다. 신을 사랑하라는 것은 신에 대해 정념적인 애착을 가지라는 말이 아니라 신의 지시 명령을 의무로서 기꺼이 이행하라는 뜻입니다. 이웃을 사랑하라는 것은 이웃에 대한 감정적 사랑을 명령받은 게 아니라 이웃에 대해 행해야 할 모든 인간적 의무들을 기꺼이 실행하라는 뜻입니다. 여기서 '기꺼이' 실행하라는 것은 인간이 즐거운 동기로 받아들여서 실행하라는 것이 아닙니다. 인간이 저 명령을 이미 자각하고 있었고 그것도 기꺼이 행할 수 있었던 것이라면 애초에 저런 계율(명령)이 필요하지도 않았을 것입니다. 저 사랑의 계율의 실천은 신성성의 이상입니다. 하지만 인간이 실천의 무한한 전진 속에서 언제나 도달해야 할 어떤 원형과도 같은 것입니다. 우리는 법칙에 대한 순전한 사랑 속에서는 저 경지에 도달할 수 없습니다. 그저 계율과 법칙에 대한 존경에 기초해 항구적인 노력의 목표로 삼는 것만 가능할 뿐입니다.

도덕적 광신과 인격성

이 고찰의 목표는 윤리적 마음씨를 인간에 대한 의무와 관련하여 정확히 규정하고 많은 사람들을 감염시키는 도덕적인 광신(fanaticism)을 예방하려는 것입니다. 인간이 서 있는 윤리적 단계는 도덕법칙에 대한 존경이라고 했습니다. 윤리는 의무에서 나오는 것이지 임의적인 애호나 기꺼이 하고 싶게 된 노력에서 나오는 것이 아니라는 뜻입니다. 칸트도 여러 번 강조하듯이 이 조건은 굉장히 중요합니다. 인간이 놓일 수 있는 도덕적 상태는 투쟁 중에 있는 도덕적 마음씨이지 의지가 그 순수한 마음씨를 이미 소유하고 있다고 착각한 그런 신성성이 아닙니다. 투쟁 중에 있는 도덕적 마음씨를 우리는 '덕'이라고 합니다. 우리에게 덕이 있다고 말하는 것은 저 도덕법칙을 존경하고 실천하기 위해 애쓰는 마음이 있다는 뜻입니다.

그런데도 저 윤리적 행위가 의무이자 언제나 도달할 수 없는 경지라고 생각지 않고 자신의 업적으로서 기대될 수 있다고 생각하는 것은 대단한 망상입니다. 그 원리가 무엇이든 행위가 법칙에 합치한다는 것은 도덕법칙에서 중요하지 않습니다. 도덕법칙의 정신은 법칙에 복종하는 마음씨에 있습니다. 그런데도 동기를 법칙보다는 정념에 두면서 도덕적인 행위를 모방하고자 하는 것에서 광신이 자라납니다. 그들은 그 어떤 지시 명령도 필요치 않다고 주장하면서 자신들 마음의 선량함을 자부합니다. 이미 윤리성이 자신의 행위 속에서 달성될 수 있다고 생각하는 것이죠. 하지만 그들은 이 순간 도덕법칙의 정신과 도덕적 책무를 망각하고 있습니다. 의무의 법칙은 지시 명령하는 것이지 우리의 성향에 맞을지도 모르는 어떤 것을 우리의 임의에 맡겨 두는 것이 아닙니다.

광신이 원칙에 따르는 인간 이성의 한계로부터 벗어나는 것이라고 한다면, 도덕적 광신은 실천적 순수이성이 인간성에 지정해 준 한계를 벗어나는 것입니다. 여기서 한계란 행위들의 도덕적 동기를 법칙 아닌 다른 곳에 둘 수 없다는 행위들의 주관적 규정 근거를 말합니다. 모든 자만과 허영심으로 가득한 자애를 굴복시키라고 이 의무적인 도덕법칙은 그 최상의 원리로서 단호히 명령합니다. "의무, 너 위대하고 숭고한 이름이여! 너는 환심을 살 만한, 사랑받을 아무것도 네 안에 갖지 않은 채 오히려 복종을 요구한다. 너는 아무런 위협도 하지 않으면서 법칙만을 제시한다"(A154). 이 법칙은 우리 마음속으로 들어와 의지에 반해서까지 존경을 얻습니다. 이 법칙 앞에서 모든 경향성들은 은밀히는 반발할지라도 결국 침묵하고 맙니다.

인간만이 자신에게 스스로 줄 수 있는 이 위엄 있는 의무의 근원은 어디일까요? 그것은 인간으로 하여금 감성세계의 일원이라는 자신의 한계를 넘어서게 하면서 무조건적 실천법칙들에 맞는 삶의 목적들을 자기 아래 갖게 하는 인격성(personality)입니다. 인격성은 자유이자 전 자연의 기계적 성격으로부터의 독립성입니다. 그것은 자신의 이성에 의해 주어진 순수한 실천법칙들에 복종하는 인간이라는 존재자의 고귀한 능력입니다. 그러므로 감성세계에 속하는 인간은 예지계에 속하는 한에서 자신의 인격성에 복종하는 것입니다. 두 세계에 속하는 자로서 인간이 자신의 두번째 규정과 관련하여(예지적 존재로서) 자신을 숭경의 대상으로 바라본다는 것은 결코 놀랄 일이 아닙니다.

대상들의 가치에 대한 표현들은 바로 이 도덕적 이념에 그 근원을 두고 있습니다. 도덕법칙은 신성불가침입니다. 인간은 충분히 신성하지는 못해도 인격에 있어서는 신성합니다. 이 인격성이라는 신성성을 갖고 있기 때문에 인간은 그 어떤 조건에서도 수단으로 사용될 수 없습니다. 인간이 의욕하고 행위하는 데 있어 모든 사물과 생명들은 수단으로 사용될 수 있으나 오로지 인간만은 목적 그 자체입니다. "인간은 곧 그의 자유의 자율의 힘에 의해 신성한 도덕법칙의 주체이다"(A156). 이성적 존재자는 자신의 의지로부터 생길 수 있는 법칙에 따라 가능한 것이 아닌 그 어떤 의도에도 복종하지 않으며, 따라서 결코 수단으로 사용될 수 없습니다. 목적으로서의 이성적 존재자들에 대한 규정은 오로지 그 예지적 인격성에 근거합니다.

존경을 불러일으키는 인격성의 이념은 우리 본성의 숭고함에 어울리지 않는 우리의 행태들에 대해 주의를 주면서 자만을 타도합니다. 숭고하다고 해서 저 인격성이 특정한 존재들에게서만 찾아볼 수 있는 그런 드문 것은 아닙니다. 이런 인격성의 이념을 우리는 아주 평범한 정도의 이성을 소유한 인간에게서도 찾아볼 수 있습니다. 별로 해롭지 않은 거짓말이면 귀찮은 사건에 연루되지 않을 수 있는데도 구태여 진실을 토해 내는 사람들은 얼마나 많습니까? 자신에 대한 스스로의 경멸을 참을 수 없는 것이죠. 우리는 어떤가요? 그저 의무를 무시해 버렸다면 피할 수 있었을 인생 최대의 불행을 맞아서도 자신을 심사하는 내적 시선 앞에 부끄럽지 않았다는 의식만으로도 스스로를 다독이게 되지 않던가요? 물론 이런 내밀한 위안이 행복일 수는 없습니다. 하지만 우리는 아직 살아 있고, 바로 그렇기 때문에 우리가 보기에 살 가치가 없다는 사실을 견딜 수 없었던 것 아니겠습니까? 삶의 쾌적함과 평온함에 비하면 참 부정적인 상황이지만 그래도 그저 사는 것과는 다른, 의무에 대한 존경에 입각한 삶이 있는 법이죠.

순수실천이성의 진정한 동기는 이런 성질을 갖습니다. 도덕법칙은 우리로 하여금 우리 자신의 초감성적 실존의 숭고성을 감지하게 하며 정념적으로 촉발된 본성에 대한 의존성을 인식하고 있는 인간들 안에 더 높은 사명에 대한 존경을 낳습니다. 의무의 숭엄함(venerability)은 인생의 향락과는 아무런 상관도 없습니다. 그것은 자기 고유의 법칙을 가지고 있으며, 또한 자기 고유의 법정을 갖고 있습니다. 사람들이 아무리 둘을 섞어 병든 영혼에게 치료약으로 준다 해도 그 둘은 이내 분리되고 맙니다. 설령 이런 치료약이 삶의 물리적 측면에 어느 정도 힘을 줄 수는 있다 해도 그로 인해 삶의 도덕적인 측면은 구제할 길 없이 사라져 버릴 것입니다.

12강 _ 자유에 대하여

실천이성 분석학의 체계

칸트는 실천이성의 '변증학'으로 나아가기 전에 두 가지를 다시 정리합니다. 지금까지 다룬 '분석학'의 체계적 특성과 자유의 근거가 그것입니다. 우리가 지금까지 다뤘던 실천이성의 '원칙'과 '대상', 그리고 '동기'와 같은 것들이 분석학의 요소들입니다. 칸트는 이 분석학의 체계가 왜『순수이성비판』과는 다른 것인지 설명할 필요를 느낍니다. 이론이성의 대상과 실천이성의 대상이 판연히 다른데도 불구하고 그 차이를 무시하는 철학들이 많기 때문입니다. 이는 우리 마음의 능력인 감성과 지성, 그리고 이성의 질적 차이에 민감한 칸트로서는 너무나 당연한 조치이겠습니다.

이론이성에 대한 분석학은 사변이성, 즉 우리 지성에 주어질 수 있는 대상들에 대한 인식을 다루는 작업이므로 질료들이 주어지는 감성적 직관(시공간)에서 출발해 지성의 개념들(긍정, 부정, 인과 등의 범주들)로 전진한 다음 여러 사변 원칙들(직관의 공리나 지각의 예취 등)에서 끝을 맺었습니다. 먼저 질료를 수용하는 감성의 차원에서 시공간이라는 선험적 형식을 다뤘던 것은 이런 까닭입니다. 반면에 실천이성은 대상들에 대한 인식이 아니라 대상들의 실현과 의지에 관계합니다. 의지에 의한 대상의 실현, 혹은 실천적 행위, 이것이 실천이성의 문제입니다. 그러므로 이 의지를 어떻게 법칙적으로 규정할 수 있는가 하는 점이 문제이지 이 의지가 어떤 질료 때문에 작동하는지는 중요하지 않습니다. 나아가 그 의지에 의해 감성적 직관에 어떤 결과가 주어질 수 있는 것인가도 문제되지 않습니다.

그런데 실천이성이 입법적일 수 있으려면 의지는 다른 감성적 질료가 아니라 이성에 의해 규정되어야 합니다. 이는 사변이성에서도 마찬가지입니다. 사변이성의 입법적 능력은 직관에 대한 지성의 종합 능력에 달려 있습니다. 그러나 분명히 차이가 있습니다. 의지를 규정하는 이성은 내용(질료)이 아니라 법칙의 형식만을 제시해야 합니다. 바로 여기서 사변이성의 분석학과 실천이성의 분석학이 서로 갈라지게 됩니다. 사변이성의 경우 지성의 입법을 위해서는 직관의 자료가 주어져야 했습니다. 그러나 실천이성의 입법을 위해서는 직관의 자료가 의지를 규정해서는 안 됩니다. 따라서 실천이성의 분석학은 이성이 직접 의지를 규정하는 실천이성이어야 하기 때문에 (감성론 대신) 선험적 실천 원칙들의 가능성에서 출발할 수밖에 없었던 것입니다.

이렇게 원칙(정언명령)이 도출됨으로써 이를 바탕으로 실천이성의 대상이 되는 선악 개념들로 전진할 수 있었는데, 이는 선악이 도덕법칙을 규정하는 게 아니라 도덕법칙이 선악을 규정할 수 있도록 하기 위해서였습니다. 실천이성의 원칙과 실천이성의 대상을 규정하고 나서 마지막으로 실천이성의 동기, 즉 실천이성이 감성에 야기하는 도덕적 감정(존경)에 대해서까지도 선험적으로 인식할 수 있게 되었습니다. 사변이성의 분석학이 초월적 감성학에서 초월적 논리학의 순서로 진행되었다면, 실천이성의 분석학은 실천이성의 논리학에서 실천이성의 감성학의 순서로 진행된 셈입니다.

사변이성과 관련하여 그 선험적인 인식 능력은 물리학과 같은 과학적인 실례들을 통해 입증될 수 있었으나, 순수이성이 그 자체로 실천적이라는 사실은 아주 평범한 상식을 통해서도 밝혀낼 수 있었습니다. 여기서 의지를 규정하는 것이 경험적인 것이 아니라 이성적인 것일 수 있다는 사실을 증명하는 것은 특히 중요했습니다. 우리는 이를 쾌와 불쾌의 근원이 되는 경향성에 대해서 법칙수립적인 이성이 존경이라는 감정을 통해 저항한다는 사실을 통해서 명백하게 제시할 수 있었습니다.

경험적 원리들이 토대를 이루는 '행복론'과 이성적 원리들이 토대를 이루는 '윤리론'을 구별하는 일은 실천이성의 분석학에서 가장 중요한 과제였습니다. 윤리적인 문제는 순수이성의 경우 아무런 직관의 도움도 받을 수 없어 어려운 것이 사실입니다. 하지만 도덕적 규정 근거와 경험적 규정 근거를 구별하기 위해 모든 사람의 실천이성을 통해 화학자처럼 실험할 수 있다는 이점은 있습니다. 석회토를 분해할 때 알칼리를 첨가하면 염산이 알칼리와 결합하고 석회가 바닥에 가라앉게 됩니다. 마찬가지로 평소 정직한 사람에게 거짓말쟁이의 품격 없음을 인식하는 도덕법칙을 제시하면 그의 실천이성은 이익에 대한 관심을 떠나 자신의 인격에 대한 존경을 지켜 줄 진실성과 결합하는 법입니다.

그렇다고 행복의 원리와 윤리의 원리가 꼭 대립하는 것은 아닙니다. 왜냐하면 순수실천이성은 행복에 대한 요구를 포기하자는 게 아니라 단지 의무가 문제가 될 때는 그런 것을 전혀 고려하지 않으려 하는 것이기 때문입니다. 오히려 자기의 행복을 배려하는 것이 의무에 합당할 수도 있습니다. 왜냐하면 숙련성이나 건강함, 혹은 부유함은 의무를 완수하기 위한 수단을 포함하고 있기도 하고, 가난처럼 행복이 결여된 상태에서는 도덕적 의무에서 벗어나는 유혹을 가질 수도 있으니 말입니다. 그렇더라도 행복 촉진은 직접적으로 의무나 의무의 원리일 수는 없습니다.

심리적 자유의 한계

물론 정언명령과 같은 실천이성의 최상의 원리 없이 곧바로 자유의 가능성을 통찰할 수 있다면 도덕법칙의 가능성만이 아니라 필연성까지도 밝힐 수 있었을 것입니다. 왜냐하면 자유와 도덕법칙은 분리가 불가능할 정도로 결합되어 있는 것이라 실천적 자유를 도덕법칙 이외의 다른 모든 것에 대한 의지의 독립성이라고 정의할 수 있을 정도이기 때문입니다. 그러나 애석하게도 작용인으로서의 자유는 우리가 살아가는 감성세계에서는 그 가능성을 절대로 통찰할 수가 없습니다. 그것은 예지계의 영역입니다. 따라서 우리는 다른 길을 택해야 했는데, 그것이 바로 도덕법칙에 대한 규정이었습니다. 그런 점에서 자유를 선험적으로 요청하는 도덕법칙이 있을 수 있다는 사실을 통해 자유를 확보하는 것만으로도 다행스러운 일이라 하겠습니다.

그런데도 이 자유의 개념에 대해서 오해하는 사람들이 많습니다. 이 자유를 경험적 원리들에 의해 설명할 수 있다고 생각하는 사람도 있고, 감성세계에 속하는 존재자의 인과성에 대한 초월적 술어(예지계적 개념)로 간주하지 않고 심리학적 속성으로 간주하는 사람도 있습니다. 심지어 어떤 경험적 규정 근거도 가정하지 않는 도덕법칙 자체를 부정하는 사람도 있습니다. 이런 착각(delusion)을 방지하고 경험주의의 천박함을 드러내기 위해 이 초월적 자유에 대해서 구체적으로 알아보겠습니다.

자유원인성과 달리 자연필연성은 시간상에서 규정될 수 있는 사물들의 실존에만 관계하므로 '물자체'로서의 사물들의 원인성이 아니라 '현상'들로서의 사물들의 실존만을 다룹니다. 그렇다면 시간상의 사물들의 실존에 대한 규정들(현상들)을 사물들 자체의 규정들로 받아들이게 되면 어떻게 될까요? 다시 말해 현상계의 자연인과를 예지계에까지 확장하면 어떤 일이 발생할까요? 그렇게 되면 당연히 예지계적 자유가 사라지게 됩니다. 예지계에까지 현상계의 자연필연성을 강요했으니 그럴 수밖에 없습니다. 현상계와 물자체를 동일시하면 자유의 장소가 사라지고 맙니다.

시간상에서 사물의 실존이 규정되는 자연필연성의 세계에서는 한 시점에서 일어난 행위는 필연적으로 그보다 앞선 시간에 있었던 것의 조건 아래에 있게 됩니다. "그런데 지나간 시간은 더 이상 나의 지배 아래 있지 않으므로 내가 행한 모든 행위는 나의 지배 아래 있지 않은 규정 근거들에 의해 필연적일 수밖에 없는 것이다. 다시 말해 나는 내가 행위하는 그 시점에서 결코 자유롭지 않다"(A169). 설령 우리가 그 어떤 타자 원인(신)으로부터 독립적이라 할지라도 우리는 이런 자연필연성에서 벗어날 수 없습니다. 왜냐하면 우리가 어디에 있든지 우리는 우리 이전의 시간과 함께 있기 때문입니다. 그래서 우리는 우리 자신으로부터 시작하지 못하는 사건들의 무한한 계열 속에 있게 될 것이고, 우리의 원인성은 결코 자유가 아닐 것입니다.

그렇다고 이렇게 시간적으로 규정되어 있는 존재자에게 자유를 부여하기 위해 자연필연성의 법칙 안에서 예외를 인정하게 되면 우리의 삶은 맹목적인 우연에 내맡겨지고 말게 됩니다. 결국 우리는 선행하는 시간의 지배라는 필연성에 묶이거나 우연적 예외라는 맹목성 속에 있게 되겠죠. 이런 상황에서 자유란 참으로 헛되고 불가능한 개념이겠습니다. 그렇다면 그런 비난에서 벗어나 자유를 구출하고자 한다면 어떻게 해야 할까요?

사실 자유와 필연성을 동일한 행위 안에 통일된 것으로 설명하려는 이론에는 난점이 많고 이해하기도 쉽지 않습니다. 필연적인 행위이면서도 자유로운 행위라는 것이 어떻게 가능할까요? 도둑질을 한 사람이 있다고 해봅시다. 우선 도둑질은 앞선 시간에 의해 규정된 필연적인 결과이므로 그런 행동은 일어나지 않을 수 없었다고 말해야 하겠습니다. 그러나 자유를 인정해야 한다면 그는 도둑질을 하지 않을 수도 있었다고 해야 합니다. 그렇다면 도둑질을 한 동일한 시각에 그가 어떻게 전적으로 자유로웠다고 말할 수 있을까요?

자유와 필연성의 공존을 설명하기 위해 지금까지 제출된 것이 기껏 상대적(비교적)(comparative) 자유 개념입니다. 던져진 물체도 날고 있는 동안은 자유 운동을 하고 태엽을 감아주기만 하면 시계도 스스로 움직이긴 합니다. 마찬가지로 인간의 행위도 필연적인 조건에 묶여 있긴 하지만 그래도 그 행위는 내적으로 생겨난 욕구에 따른 자유로운 것이지 않을까요? 칸트는 이 자유의 문제를 해결하기 위해 수천 년간 노고를 기울였지만 아무런 소득이 없었다고 말합니다. 왜냐하면 상대적 자유와 같은 피상적인 개념으로는 절대로 해결될 수 없는 문제이기 때문입니다.

도덕법칙과 그 기초로서의 자유에 대한 물음에 있어, 자연법칙에 따라 규정되는 인과성이 주관 안에 있는 규정 근거에 의해 필연적인지(심리적 자유) 아니면 주관 밖의 규정 근거에 의해 필연적인지는 중요하지 않습니다. 그리고 주관 안에서 필연적일 때 그것이 본능에 의해 필연적인지 아니면 이성적인 생각에 의해 필연적인지도 전혀 문제가 되지 않습니다. 규정하는 실존 근거가 시간상으로 앞선 상태에 있다면 어떤 행위의 규정 근거가 외부의 힘이 아니라 내적이고 심리적인 원인을 갖는다고 하더라도 그 존재자의 인과성의 규정 근거는 언제나 지나간 시간의 필연적 조건일 수밖에 없기 때문입니다. 주체가 행위해야 할 때 그는 언제나 지나간 시간의 지배 아래 있게 됩니다. 거기서 설령 심리적 자유를 느낀다고 할지라도 그것을 진정한 자유라 할 수는 없습니다. 초월적 자유는 일체의 경험적인 것으로부터 독립된 것으로 생각되어야 합니다. 그리고 이 자유 없이는 그 어떤 도덕법칙도 가능하지 않으며 이에 따른 어떤 책임도 가능하지 않습니다.

자유와 양심

그러므로 이제 남은 것은 단 한 가지입니다. 시간상에서 규정될 수 있는 사물의 현존을 '현상'에 속하게 하는 것입니다. 시간의 지배를 현상계에 국한시킨다면 시간의 지배 바깥의 것은 당연히 예지계에 있어야 합니다. 그러므로 자유는 물자체에 속하는 일이 됩니다. 주체의 자유와 공존할 수 없는 자연필연성은 시간 조건들 아래에 있는 현상으로서의 행위 주체의 규정들에만 부착해 있습니다. 여기서 주체는 자신의 지배 아래 있지 않은 것 안에 있게 됩니다. 하지만 동시에 자신을 물자체로 의식하는 동일한 주체는 자신의 현존을 시간 조건들 아래에 있지 않고 이성 자신에 의해서 부과되는 법칙들에 의해서만 규정될 수 있는 것으로 고찰하게 됩니다.

이런 예지계적 주체의 현존에서는 그의 의지 규정에 선행하는 것은 없습니다. 여기서는 그의 현존에 대한 모든 규정이나 실존의 전 계열 순서도 예지체로서의 그의 원인성에 대한 규정 근거가 아니라 그 결과로 간주되어야 합니다. 예지계적 존재는 언제나 자신을 원인으로 간주할 수밖에 없는 존재가 됩니다. 그래서 이성적 존재자는 자신이 저지른 악에 대해서 비록 그것이 지나간 '현상'으로서는 필연적인 것이었다 할지라도 그런 행위를 하지 않을 수 있었다고 정당하게 말할 수 있게 됩니다. 왜냐하면 그 행위는 예지계적 자유의 의지를 통해 그 자신이 직접 결행한 것이기 때문입니다. 우리는 시간에 종속되어 있는 존재이지만 그럼에도 불구하고 자유로운 존재라고 칸트는 말합니다. 악은 필연적이지만 그럼에도 불구하고 필연적이지 않을 수도 있었습니다.

칸트는 이를 '성격(기질)'(character)이라는 말로 표현합니다. 칸트에 따르면 성격은 온전히 개인의 자유가 형성한 것입니다. 자유의 산물이죠. "왜냐하면 그 행위는 그 행위가 규정한 모든 지나간 것과 함께 그 자신이 만드는 성격의 유일한 현상에 속하고, 이 성격에 의해 그는 모든 감성에 대해 독립적인 원인으로서의 자신에게 저 현상들의 원인성을 돌리기 때문이다"(A175). 우리의 성격에 대해 더 이상 자연필연성을 내세울 수가 없습니다. 아무리 필연적인 인과 속에 있었다고 하더라도 매 순간 예지적 실존 의식 속에서는 자유를 행사하고 있는 것입니다.

이런 사실은 '양심'이라는 우리 안의 저 놀라운 능력의 판결들을 보면 명백해집니다. 자신이 저지른 악행에 대해 누구나 고의 없는 과실이었다거나 도저히 피할 수 없었던 부주의라고 변명할 수는 있습니다. 즉 자연필연성의 대류에 휩쓸려 들어갔다는 것이죠. 그럼에도 불구하고 부당한 짓을 저지를 당시에 제정신이기만 했다면, 다시 말해 자신의 자유를 사용했다는 것만 의식한다면 그는 결코 자신 안에 있는 그 양심이라는 고발자를 침묵하게 만들 수 없습니다. 자신의 악행이 자신에 대한 주의를 소홀히 함으로써 생겨난 일종의 악습에서 비롯된 자연스런 결과라고 변명할 수도 있겠으나, 스스로 하는 자기 책망과 질책에 대해서까지 그런 자기 확신이나 변명에 이를 수는 없을 것입니다.

과거에 저지른 잘못에 대해 후회한다고 지나간 잘못이 사라지는 것도 아닌데 우리는 계속해서 후회하고 있습니다. 이 고통스러운 후회의 감정은 왜 시간이 가도 사라지지 않고 남아서 우리를 괴롭히는 것일까요? 칸트는 그것이 바로 예지계적 법칙이기 때문이라고 설명합니다. "우리의 예지적 실존의 법칙(즉 도덕법칙)이 문제가 될 때 이성은 시간 차이를 인정하지 않고 단지 사건이 나의 행실에 속하느냐 않느냐만을 물어, 속할 경우에는 그 사건이 지금 일어난 것이든 지난날에 일어난 것이든 상관없이 언제나 동일한 후회감을 이 사건에 도덕적으로 결합시키니 말이다"(A177). 예지계는 시간의 지배를 받지 않습니다. 그래서 아무리 오랜 시간이 흘러도 양심은 우리를 고통스럽게 만듭니다.

감정은 도덕법칙에 관계되는 것이라면 자연필연성이 아니라 자유의 자발성에 따라 평가되어야 합니다. 따라서 인간의 모든 동기를 일식을 알아내는 일처럼 확실히 계산할 수 있다고 하더라도 인간은 자유롭다고 주장할 수 있습니다. 동기가 아무리 자연필연적일지라도 매 순간 우리는 예지계적 존재이며 자유의 실행자이기 때문입니다. 양질의 교육을 받았음에도 불구하고 일찍부터 악한 성격을 내보이면서 어른이 되어갈수록 그 성격이 악화되는 사람이 있습니다. 아무리 훈육을 해도 안 되는 그런 사람들을 우리는 가끔 목격합니다. 더 이상 개선의 여지가 없는 태생적인 악한 같은 존재가 있는 것이죠.

그런데 이때 우리는 상당히 모순적입니다. 개선의 여지가 없는 타고난 악인이라고 생각하면서도 그들의 범행을 죄라고 여깁니다. 타고난 것이라면 죄가 될 수 없는 것 아닐까요? 자연적인 성질에 대해 책임을 지울 수는 없는 법이니까요. 하지만 우리의 모순적인 판단은 모든 행위가 '성격'으로 표현되는 자유의 원인성을 기초로 한다는 사실을 전제하지 않고서는 가능하지 않습니다. 우리는 은연중에 인간의 예지적 성격을 인정하고 있는 것입니다. 다시 말해 저들이 형성한 악한 '성격'이 바로 자유로운 의지를 통해 받아들인 준칙들의 결과라는 사실을 인정하고 있는 셈입니다. 모든 행위는 특정한 준칙에 의해서 발생합니다. 그리고 준칙의 수용에 대한 결정은 언제나 개인의 자유에 맡겨져 있다는 것이 칸트의 생각입니다.

"그때 그들의 현상들은 태도의 한결같음으로 인해 자연

연관성을 알 수 있도록 해주는 것이지만, 그러나 이 자연 연관성이 의지의 나쁜 성질을 필연적이도록 만드는 것은 아니고, 그것은 오히려 자유의지로 받아들인 악한 불변적 원칙들의 결과이며, 이런 원칙들이 의지를 더욱더 비난받고 벌 받아야 할 것으로 만드는 것이다"(A179).

3부

실천이성의
변증학

Kritik der praktischen Vernunft

13강 _ 변증성과 최고선

이율배반의 효용

칸트에 따르면 이성은 기본적으로 무조건자와 절대자를 추구합니다. 그래서 현상적인 사물들에 한정된 지성적 인식의 한계를 뛰어넘어 무조건자에 대해 직접적으로 규정하려는 변증성을 갖습니다. 인식할 수 있는 것은 예지계적 사물이 아니라 현상들임에도 불구하고 무조건자라는 예지적 사물들을 현상처럼 규정하는 변증적 가상(dialectic illusion)에 빠지는 것은 이성의 본성에서 비롯된 우리 인간의 근본적 조건입니다. 그렇다면 우리가 이런 변증적 가상에 기만당하고 있다는 사실을 우리는 어떻게 알 수 있을까요? 칸트는 그것을 이율배반(antinomy)에서 찾습니다.

"이 가상은 만약 그것이 모든 조건 지어진 것에 대해 무조건자를 전제하는 이성의 원칙을 현상들에 적용할 때 이성의 자기와의 상충에 의해 폭로되지 않는다면 결코 기만적인 것으로 인지되지 못할 터이다"(A193).『순수이성비판』에서 거론된 세번째 이율배반을 살펴보도록 하겠습니다. 우리는 이렇게 주장합니다. '세계는 인과법칙에 의해 지배된다.' 분명 현상계의 법칙은 자연인과의 법칙입니다. 하지만 이런 주장도 있습니다. '세계에는 자연인과만이 아니라 자유의 법칙도 있다.' 자유가 없다면 인간이 도덕적으로 규정될 방법이 없습니다. 이 두 주장은 팽팽히 맞서는 이율배반의 상태에 있습니다. 어느 것이 옳을까요?

인간은 이율배반이라는 근본적 상황에서 벗어나지 못합니다. 왜 그럴까요? 그것은 지성의 역할과 이성의 역할을 혼동하기 때문입니다. 지성은 직관에 주어지는 현상들에 대해 입법하는 능력을 갖고 있기 때문에 현상들의 법칙에 대해 선험적으로 규정하는 능력을 갖고 있습니다. 하지만 현상들 너머의 사물들에 대해 지성은 아무런 권한도 갖지 못합니다. 예지계에 대해 발언권을 갖는 것은 이성이지만 이 이성에는 아무런 직관적 질료들도 주어지지 않습니다. 그런데도 이성은 자신이 사유한 것들(가령 '자유')이 현상계에서 경험적으로 주어질 수 있다고 생각합니다. 다시 말해 자연인과만이 아니라 자유인과도 경험할 수 있다고 주장하는 것입니다. 바로 여기서 이율배반이 발생합니다.

자연인과와 자유인과가 팽팽히 맞서는 상황에서 우리는 어떤 것을 선택해야 옳은지 알 수 없게 됩니다. 이는 현상계의 법칙과 예지계의 법칙을 '비판적으로' 구분하지 않았기 때문에 발생하는 상황입니다. 저 예지계적인 '자유'나 '신'과 같은 대상을 우리는 이성의 본성 때문에 어쩔 수 없이 가정해야 하지만 그렇다고 그것을 현상계 내에서 경험할 수는 없습니다. 만약 신을 직관에 의해 경험할 수 있다고 생각하고 이 현상계가 자유의 법칙에 의해 규정된다고 생각하면, 그것이 바로 변증적 가상입니다. 그래서 우리에게 필요한 것이 지성과 이성에 대한 비판입니다.

이율배반은 우리로 하여금 반성하게 합니다. 지성과 이성의 역할을 정확히 구분하지 않았고, 현상계와 예지계를 혼동하고 있었다는 사실을 알려줍니다. "그래서 그 변증성에서 드러나는 순수이성의 이율배반은 사실은 인간의 이성이 언제라도 빠질 수 있었던 매우 유익한 탈선이다. 이 이율배반은 마침내 미로에서 벗어날 열쇠를 찾도록 우리를 독려하고, 이 열쇠는 만약 발견되고 나면 사람들이 찾지는 않았지만 필요로 하는 것, 곧 사물들의 더 높은 불변의 질서에 대한 조망을 열어

주니 말이다"(A193).

　'세계는 인과법칙에 의해 지배된다'는 주장이 현상계에서만 타당하다면, '세계에는 자연인과만이 아니라 자유의 법칙이 존재한다'는 주장은 예지계에서만 타당합니다. 두 주장을 현상계와 예지계로 균형 있게 안배할 때 우리는 이율배반에서 벗어날 수 있게 됩니다. 이것이 바로 칸트의 '비판'입니다. 반면 라이프니츠와 같은 합리론자들은 '신은 존재한다'와 같은 개념적이고 분석적인 규정을 현상계에서 종합적으로 인식될 수 있는 규정과 혼동합니다. 인식의 영역에서 입법할 수 없는 이성이 지성의 영역 속으로 불법적으로 개입하면서 주장하는 무조건자의 가능성을 아무런 비판 없이 수용했던 것이죠. 이제 칸트의 비판을 통해 예지계는 변증적 가상의 위험 없이 "사물들의 더 높은 불변의 질서"로서 우리에게 존재할 수 있게 됩니다.

에피쿠로스와 스토아의 한계

그렇다면 실천이성의 변증성은 무엇일까요? 실천이성도 이성인 한 무조건자를 찾게 되어 있습니다. 실천이성이 찾는 무조건적 총체는 바로 '최고선'(summum bonum)입니다. 이성은 실천적 차원에서는 자신의 대상인 '선'이 최고의 수준과 최상의 수준이길 원합니다. 그야말로 무조건적이고 절대적인 선이라 할 수 있죠. 바로 여기서 변증성이 발생합니다. 앞에서 칸트는 인간의 윤리가 오직 도덕법칙에 대한 존경과 그 실천적 의무에 있다고 여러 번 강조했습니다. 다시 말해 인간인 한에 있어 윤리는 자발적일 수 없으며 저 윤리적 신성성의 경지에도 결코 도달할 수 없다는 것입니다. 인간에게 주어진 몫은 저 최고선이라는 경지에 이르는 '과정'에 있는 것이지 그 '완성'에 있지 않습니다. 그런 점에서 최고선이라는 절대적 대상에 대한 요구는 인간의 경험적 한계를 초월하는 변증성일 수밖에 없습니다.

칸트는 원래 철학이 최고선에 대한 개념 규정이자 최고선을 얻을 수 있는 태도에 대한 지혜론의 일종이었다고 합니다. 그렇다면 최고선은 구체적으로 어떤 것일까요? 그 전에 이 개념을 규정하는 데 있어 주의할 게 있습니다. 도덕법칙은 순수의지의 유일한 규정 근거이긴 하지만 형식적인 것이기 때문에 동기로 작동할 수 있는 모든 질료를 도외시합니다. 그런데 만약 최고선이 실천이성이 찾는 유일한 대상(질료)의 자격을 갖고 있다면 순수의지의 규정 근거가 될 수 없습니다. 왜냐하면 우리가 도덕법칙에 앞서 어떤 대상을 선의 이름 아래 의지의 규정 근거로 삼고 여기서 최상의 실천원리를 도출한다면 법칙이 아니라 질료의 지배를 받게 되기 때문입니다. 여기서는 윤리적 자유가 아니라 타율이 발생하고 도덕의 원리도 배제되고 맙니다.

그러므로 최고선은 의지의 대상이면서도 의지를 규정해서는 안 되는 그런 이상한 조건에 놓인 대상입니다. 여기서는 '순서'가 중요합니다. 만약 최고선이라는 개념 안에 이미 도덕법칙이 최상의 조건으로서 포함되어 있다고 한다면, 다시 말해 도덕법칙이 자율의 원리에 따라 의지를 규정하는 것을 최고선이라고 한다면, 최고선은 단순히 대상에 그치는 게 아니라 동시에 순수의지의 규정 근거이기도 하겠습니다. 이때는 의지 바깥의 다른 질료적 대상이 의지를 규정하는 경우와는 달라집니다. 도덕법칙에 의해 규정된 것이 최고선이지 최고선에 의해 규정된 것이 도덕법칙이어서는 안 됩니다.

이런 전제 아래 최고선이라는 개념을 분석해 보겠습니다. 최고(the highest)라는 개념은 사실 애매한데요. 그것은 최상(the supreme)을 의미할 수도 있고, 완성(the complete)을 의미할 수도 있습니다. 최고가 최상을 뜻할 때는 다른 어떤 것에도 종속되지 않는 무조건적인 것이겠지만, 완성을 뜻할 때는 그보다 더 큰 전체의 부분에 속하지 않는 하나의 전체가 됩니다. '덕'은 우리가 소망하고 노력할 가치가 있는 최상선(the supreme good)에 속하지만, 유한한 이성적 존재자의 욕구능력의 대상으로서는 아직 전체적으로 완성된 선이라 할 수 없습니다. 사실 '행복'이 빠지고서 '덕'만 있으면 무얼 하겠습니까? 행복할 만한 품격을 갖고 있으면서도 그런 행복을 누리지 못하는 것은 이성적 존재자의 완전한 욕망과 양립할 수 없는 것입니다. 최상의 덕을 원한다고 삶이 아무렇게나 되어도 좋다고 말할 수는 없는 법이지요. 따라서 윤리성에 비례하는 몫을 행복이 갖는 한에서만 최고선은 완성된 선이 될 것입니다. 물론 여기서도 덕은 언제나 자기 위에 더 이상의 조건을 필요로 하지 않는 최상선이어야 합니다. 그리고 행복도 그 자체만으로 좋은 것이 아니라 도덕법칙에 합당하다는 조건 속에서 가능한 것이어야 하겠습니다.

원래 하나의 개념 안에 필연적으로 결합되어 있는 두 개의 서로 다른 규정은 근거와 귀결의 형식으로 연결될 수밖에 없습니다. 그리고 이 연결의 형식도 두 가지가 있는데, 하나는 분석적이고 다른 하나는 종합적입니다. 분석적 연결은 동일률을 바탕으로 한 논리적 귀결을 뜻하고, 종합적 연결은 인과율을 바탕으로 한 실재적 결합을 뜻합니다. 지금 우리가 다루고 있는 것은 최고선이라는 개념입니다. 최고선이라는 개념 안에는 최상의 선과 완성의 선이라는 규정이 함께 있습니다. 즉 최고선에는 덕이라는 개념과 행복이라는 개념이 함께 놓여 있습니다. 그렇다면 이 두 개념의 관계는 어떻게 될까요?

만약 덕과 행복에 대한 관계가 분석적 연결을 이룬다면 덕과 행복은 서로 다르지 않다는 말이 됩니다. '총각은 결혼하지 않은 남성'이라는 분석명제를 떠올려 보면 됩니다. 총각을 분석하면 미혼남이 도출됩니다. 분석명제는 주어와 술어가 서로 동일할 때, 다시 말해 동일률을 따를 때 가능한 명제입니다. 덕과 행복의 관계가 분석적이라면 덕의 기초에 행복의 기초가 놓여 있기 때문에 굳이 행복을 위해 다른 조건이 필요치 않게 됩니다. 덕 있는 삶을 살면 그것이 곧 행복이기 때문에 최고선은 덕 있는 삶 속에서 자연스럽게 가능해지게 되어 있다는 뜻이 됩니다.

하지만 덕과 행복의 관계가 종합적 연결의 관계라면 둘의 관계는 더 이상 동일률을 따르지 않습니다. '아버지는 사장이다'는 명제가 대표적인데요, 여기서는 아버지를 분석한다고 해서 사장이라는 결론이 도출되지 않습니다. 이처럼 하나의 개념(아버지) 내부의 분석으로 그 술어(사장)가 도출되지 않는 명제를 종합명제라고 합니다. 아버지는 사장일 수도 있고 아닐 수도 있지만 사장이라면 그 이유는 아버지라는 개념에서 나오는 게 아니라 현실적 이유에서 나옵니다. 덕과 행복이 종합적인 연결의 관계에 있다면 이제 행복은 덕을 통해 결과적으로 도출되는 것이 됩니다. 덕과 행복이 인과적으로 연결되는 것이죠.

에피쿠로스학파와 스토아학파는 최고선에 대한 개념 규정에서 모두 동일률의 규칙을 따랐고, 그리하여 덕과 행복을 최고선의 동일 요소로 간주했습니다. 차이가 있다면 기본 개념을 다르게 선택했다는 것인데, 에피쿠로스학파는 행복으로 인도하는 자기 준칙에 대한 의식을 덕이라 했고, 스토아학파는 자기의 덕에 대한 의식을 행복이라고 했습니다. 에피쿠로스학파에게는 영리함이 윤리성과 같은 것이었고, 스토아학파에게는 윤리성만이 참된 지혜였습니다. 이처럼 이들은 윤리적인 과제 앞에서 참으로 명민했다고 하겠습니다. 하지만 행복과 덕이 극히 이질적인 개념이라는 사실을 통찰하지는 못했습니다.

덕은 도덕법칙을 바탕으로 하는 것이고 행복은 경험적 원리를 바탕으로 합니다. 그러므로 이 두 개념은 본질적으로 통합될 수 없는 것입니다. 그런데도 불구하고 이 이질적인 개념들을 어휘 싸움으로 바꿔 외견상 서로 다른 이름을 가진 개념으로 통일함으로써 차이들을 제거하고자 한 것은 당시의 변증적 정신에는 어울리는 일이겠습니다. 원래 이렇게 이질적인 것들을 통합할 수 있는 방법이 아주 깊은 곳에 있는 경우, 다시 말해 칸트처럼 현상계와 예지계의 구분과 같은 방법을 찾지 못한 경우 그 차이를 형식상의 불일치로 취급하는 일은 흔히 있는 일입니다. 이 문제를 해결하기 위해 에피쿠로스학파가 감성적인 면에 중점을 두었다면 스토아학파는 논리적인 면에 중점을 두었습니다. 하지만 그들은 모두 덕의 준칙과 행복의 준칙이 실천 원리에 있어서 완전히 이질적이라는 사실을 파악하지 못했습니다. 그리고 그들은 두 개념이 최고선에 속하기는 하지만 동일한 주체 안에서 상호 제한적이며 상호 파괴적이라는 사실을 파악하지도 못했습니다.

최고선이 어떻게 실천적으로 가능한 것인지는 아직까지 해결되지 못하고 있습니다. 이 문제의 해결을 어렵게 만드는 것이 무엇인지 앞의 분석학에서 제시한 바 있습니다. 행복의 원리와 도덕의 원리는 그 근원과 원리가 완전히 다릅니다. 행복의 원리를 따르면 도덕의 원리는 자취를 감추게 됩니다. 하지만 도덕의 원리가 행복의 원리를 도출한다는 것도 확실치 않습니다. 이 둘의 관계를 분석적인 방식이 아니라 종합적으로 인식하는 것, 그것도 현상계와 예지계를 분리했던 통찰 속에서 인식하는 것, 그것이 필요합니다. "최고선을 의지의 자유로부터 만들어 내는 것, 그것은 선험적으로 (도덕적으로) 필연적이다. 그러므로 최고선의 가능 조건도 오로지 선험적인 인식 근거들에 의거하지 않을 수 없다"(A203). 덕과 행복의 결합은 오직 경험의 원리를 초월하는 자유의 가능성(예지계) 속에서만 확보됩니다.

14강 _ 이율배반과 최고선

실천이성의 이율배반

실천이성은 덕과 행복이 최고선 개념 안에 필연적으로 결합되어 있길 요구합니다. 덕만 있는 선도 행복만 있는 선도 실천이성은 원하지 않습니다. 무조건 최고의 선이어야 합니다. 그런 점에서 보면 칸트의 윤리는 기본적으로 어설픈 타협을 거부하는 어떤 절대성을 갖고 있다고 볼 수 있겠습니다. 반쯤만 윤리적인 그런 행위는 있을 수 없습니다. 문제는 이 덕과 행복의 결합 방식입니다.

둘의 결합은 분석적일 수 없으니 종합적이어야 하고, 그러므로 당연히 인과적으로 연결되어 있어야 합니다. 왜냐하면 윤리란 기본적으로 인과성을 바탕으로 하기 때문입니다. 어떤 행위에 의해 그 결과로 가능한 것을 다루는 실천이성의 영역에 있기 때문입니다. 따라서 가능한 경우의 수는 두 가지밖에 없습니다. 행복에 대한 욕구가 덕의 동인이거나 덕의 준칙이 행복을 낳는 원인이거나.

그런데 먼저 행복의 추구가 덕을 낳는다는 첫째 경우는 절대로 불가능합니다. 왜냐하면 의지에 대한 규정 근거를 행복 추구에 두는 준칙은 결코 도덕적일 수 없기 때문입니다. 이는 우리가 앞에서 누누이 확인한 바이기도 합니다. 행복 추구는 쾌에 종속된 것이지 윤리에 종속된 것이 아닙니다. 그것은 자기 사랑의 원리에 종속된 경험적인 원리에 불과합니다. 심지어 행복에 대한 욕망은 만인의 행복이 아니라 불행으로 이어진다는 결론까지 우리는 도출한 바 있습니다.

그러나 덕의 준칙이 행복을 낳을 수 있다는 둘째 경우도 불가능합니다. 원래 이 현상의 세계 내에서 원인과 결과의 실천적 연결은 도덕적 마음씨에 정향되어 있는 것이 아닙니다. 그것은 자연법칙에 대한 지식 및 이것을 자신의 의도대로 사용하는 자연적 능력에 정향되어 있는 것입니다. 따라서 도덕법칙을 정확하게 지킨다고 그에 따라 자연스레 행복이 도출되는 것은 아닙니다. 사실 도덕적으로 사는 것은 행복의 관점에서 보면 오히려 손해가 되기 십상입니다.

행복의 욕구는 덕의 준칙을 낳을 수 없습니다. 덕의 준칙도 행복을 낳을 수 없습니다. 그 어느 쪽이든 불가능합니다. 최고선에 대한 주장은 거짓된 명제들의 팽팽한 대립에 불과했던 것입니다. 따라서 우리 의지의 선험적이고도 필연적인 대상인 최고선은 불가능한 것이겠습니다. 최고선이 불가능한데 도덕법칙이 가능할 이유도 필요도 없는 것이겠습니다. "만약 최고선이 실천 규칙들에 따라서 불가능하다면, 이를 촉진할 것을 지시 명령하는 도덕법칙 또한 환상적이고 공허한 상상된 목적들 위에 세워진, 그러니까 그 자체로 거짓된 것일 수밖에 없다"(A205).

최고선의 가능성

사변이성의 이율배반에서도 자연필연성과 자유 사이에 비슷한 이율배반이 있었습니다. 칸트는 이 이율배반을 동일한 행위자가 감성세계의 인과성을 가지면서도 행위하는 인격에 있어서는 예지체라는 점에서 자유인과성을 가질 수 있다는 식으로 해소했습니다. 실천이성의 이율배반에서도 비슷한 해결책을 찾을 수 있습니다. 먼저 행복을 얻으려는 노력이 덕 있는 마음씨의 근거라는 첫번째 명제는 단적으로 거짓입니다. 행복은 그 어떤 경우도 덕의 기초가 될 수 없습니다.

그러나 덕 있는 마음씨가 행복을 만들어 낸다는 두번째

명제는 단적으로 거짓은 아닙니다. 우리가 감성세계의 현존을 이성적 존재자의 유일한 실존 방식으로 받아들일 때만 거짓인 명제입니다. 우리의 현존은 예지적이기도 합니다. 우리는 도덕법칙을 인식하고 있고 도덕법칙을 통해 자유를 감지하기도 합니다. 만약 덕 있는 마음씨가 감성세계에서 행복을 만들어 낸다고 하면 거짓이겠습니다. 그러나 원인인 우리 마음의 윤리성이 자연의 예지적 창시자에 의해 예지적 행복이라는 결과로 나타날 수 있다면 문제는 달라집니다.

도덕법칙은 행복과 결합될 수 있습니다. 다시 말해 최고선이라는 실천이성의 절대적 대상은 실현 가능합니다. 그러나 행복은 언제나 예지계에만 존재합니다. 감성계에서 도덕법칙의 실현을 통해 행복을 느낀다면 그것은 거짓된 것이 됩니다. 도덕법칙은 그 법칙에 대한 존경의 감정을 요구하지 행복을 그 결과로 선사하지 않습니다. 윤리적 영역에 있어 덕과 행복을 둘러싼 이율배반은 현상들 사이의 관계를 사물들 자체의 관계로 오해한 데서 비롯된 것입니다. 그러므로 덕 있는 마음씨가 행복을 만들어 낼 수 없다는 주장은 현상계에서만 거짓된 명제가 되겠습니다.

다시 말해 우리의 현존을 예지체로도 생각할 권한을 가지기 때문에 원인으로서의 마음씨의 윤리성이 자연의 예지적 창시자에 의해 간접적으로 행복으로 나타날 수도 있는 것입니다. 그러므로 표면적인 상충에도 불구하고 의지의 필연적인 최고 목적인 최고선은 실천이성의 진정한 대상일 수 있습니다. 현상들 사이의 관계(감성세계의 현존)를 사물들 자체의 관계(이성적 존재자의 유일한 실존방식)로 오해한 데서 비롯된 이율배반은 이렇게 해소됩니다. "도덕적으로 규정된 의지의 필연적인 최고 목적인 최고선은 실천이성의 진정한 객관이다"(A207).

이제 이율배반의 해소와 최고선의 가능성을 바탕으로 저 에피쿠로스학파와 스토아학파의 도덕을 다시 살펴보도록 하겠습니다. 도덕적 소망의 목표인 최고선의 가능성은 저 예지적 세계라는 먼 곳과의 연결 속에서밖에 찾을 수 없습니다. 그런데도 불구하고 그것이 감성세계에서 발견될 수 있다고 그들이 주장했다는 것은 참으로 기이한 일이라 하겠습니다. 물론 에피쿠로스학파나 스토아학파가 주장하는 행복은 결코 저속한 쾌락은 아니었습니다. 쾌락을 주장했던 에피쿠로스학파도 엄격한 도덕철학자가 요구할 법한 경향성들의 제어와 절제가 그런 쾌락에 속한다고 말했던 것입니다.

그러나 즐거움을 도덕의 동인으로 간주하고 있다는 이유로 스토아학파는 저 에피쿠로스학파를 배척했는데, 이는 정당한 일이기도 했습니다. 칸트는 에피쿠로스학파보다는 스토아학파를 높이 사는 편입니다. 왜냐하면 에피쿠로스학파의 주장에는 기본적인 오류가 포함되어 있기 때문입니다. 에피쿠로스학파는 덕 있는 삶을 위한 동기로 즐거움을 주장합니다. 그러나 자세히 살펴보면 그들의 논법에는 인간의 덕 있는 마음씨가 이미 전제되어 있습니다. 사실 정직한 사람은 자신이 정직하다는 자각이 없어지면 아무리 육체적이고 물질적으로 행복해도 행복하다고 느끼지 못합니다. 자신의 비윤리성과 위법에 대해 스스로 저주에 빠지기 때문에 보통 때 같으면 누렸을 쾌적함의 향유조차 스스로 박탈해 버리는 것이죠. 따라서 쾌적함의 향유가 만족감을 주고 도덕감을 향상시키기 위해서는 그 사람이 이미 도덕적인 인간이었다(정직함)는 사실을 전제하지 않으면 안 되는 것입니다. 이런 관점에서 봐도 스토아학파의 논리가 더 앞서는 것은 사실입니다.

　다음으로 이들의 논리에는 느끼는 것과는 다른 행하는 것에 대한 착시, 즉 사취(詐取)의 오류(error of subreption)가 놓여 있습니다. 앞에서도 말했지만 이성적 의지(원인)에 따라 산출되는 행위에 대해 흡족함(결과)을 느낀다 하더라도 이 쾌와 흡족함이 행위의 규정 근거가 될 수는 없습니다. 다시 말해 순수한 이성 법칙이 의지를 직접 규정하는 주체적인 일을 특수한 감성적 감정(에피쿠로스의 쾌락)의 작용 결과로 생각하는 것은 그 인과관계를 착각하는 오류라는 것입니다. 쾌락 때문에 도덕적일 수는 없는 것이죠. 법칙에 대한 존경의 감정은 정념적인 감정이 대신할 수 없는 것이고, 법칙을 통해 의지를 직접 강제하는 의식은 쾌감 비슷한 것이라 할 수도 없습니다. 존경의 감정은 욕구 능력과의 관계에서 쾌감이 하는 것과 동일한 일을 하긴 하지만 그것은 서로 다른 원천에서 하는 것입니다. 이렇게 그 원천과 표상의 차이를 명확히 구분해야 행위들이 한낱 유쾌한 감정을 좇아 의무에 맞게 일어나는 것이 아니라 오로지 의무로부터 발생하는 일에 이를 수 있는 것입니다.

그렇다면 덕이 행복을 만들 수 있다는 증거는 어디 있는 것일까요? 덕의 의식에 필연적으로 수반되는 자기 실존에 대한 흡족함을 가리키는 '자기만족'(self-satisfaction)이 바로 거기에 해당하는 용어입니다. 원래 이 표현은 더 이상 아무것도 필요치 않는 자기 실존에 대한 어떤 소극적인 흡족함을 뜻합니다. 이는 경향성을 충족시키면서 얻는 감성적 만족과 같지 않습니다. 자기만족은 도덕법칙을 준수하는 자유 의식에서 비롯되는 지성적인(예지적인) 만족입니다. 그것이 만족감을 줄 수 있는 것은 경향성이 주는 만족감이 실상 만족감이 아니기 때문입니다.

경향성들의 충족에 의거하는 감성적 만족은 늘 바뀌기 마련이고, 타인이 보내는 호의에 의존하는 것이며, 채워진 것보다 더 큰 공허를 남기면서 인간에게 무거운 짐이 됩니다. 모든 경향성은 언제나 맹목적이고 노예적입니다. 동정심이나 인정 많은 연민조차도 의무가 무엇인가에 대한 숙려에 앞서 의지의 규정 근거가 된다면 올바르게 생각하는 사람들에게도 짐이 되고 준칙들을 혼란에 빠뜨리게 됩니다. 그런데 도덕법칙을 준수하는 자유 의식은 경향성으로부터의 독립성이자 경향성에 대한 지배라 할 수 있습니다. 그런 점에서 자유 의식은 경향성들에 대한 불만족의 의식으로서 자기 인격에 대한 소극적인 만족을 만들어 낼 수 있습니다.

자유는 이렇게 간접적으로만 향유를 누리게 합니다. 그렇다고 이런 향유를 행복이라고 할 수는 없습니다. 왜냐하면 쾌락과 같은 감정의 적극적인 개입에 의거하지 않기 때문입니다. 그리고 도덕법칙에 의한 향유를 지복(bliss)이라고 할 수도 없습니다. 왜냐하면 경향성이나 욕구들로부터 전적으로 독립한 것도 아니기 때문입니다. 그럼에도 경향성의 영향에서 의지가 해방되어 자신을 유지할 수 있는 한에서는 지복과 비슷한 것이고, 적어도 근원적으로는 오로지 최고 존재자에게나 부여할 수 있는 자족(self-sufficiency)과 유사한 것이라 할 수 있습니다.

그러므로 실천 원칙에서는 윤리 의식과 그 윤리의 결과로서 그에 비례하는 행복에 대한 기대 사이의 자연스럽고 필연적인 결합은 가능합니다. 하지만 이는 예지적인 차원의 것이므로 직접 인식될 수 있는 것은 아닙니다. 어쨌든 행복 추구의 원칙들이 윤리를 만들어 낼 수는 없습니다. 행복은 오직 도덕적으로 조건 지어진 필연적인 윤리성의 결과일 뿐입니다. 행복이 윤리성에 종속될 때만 최고선은 실천이성의 대상이 됩니다. 그러나 조건(윤리성)과 조건 지어진 것(행복)의 결합 가능성은 전적으로 사물들의 초감성적 관계에 속하는 것입니다.

15강 _ 실천이성의 요청

영혼의 불멸에 대한 요청

최고선을 위해서는 우리의 의지가 도덕법칙과 완전히 일치해야 합니다. 그런데 이런 신성한 경지는 정념적 존재인 이성적 존재자가 실존하는 그 어떤 시점에서도 완전히 도달할 수 없는 그런 완전함입니다. 하지만 최고선의 요구는 실천적으로 무조건적이고 필연적인 것이기 때문에 최고선이 가능하기 위해서는 의지와 도덕법칙의 일치를 향한 무한한 전진을 필요로 하겠습니다. 그리고 무한한 전진은 이성적 존재자의 무한히 지속되는 실존과 인격성, 다시 말해 영혼의 불멸을 전제할 때만 가능할 것입니다. 그러므로 영혼의 불멸은 도덕법칙과 분리 불가능하게 결합되어 있는 실천이성의 요청(postulate)이라 할 수 있습니다.

무한한 전진 속에서만 도덕법칙과의 일치가 가능하다는 저 영혼 불멸의 명제는 도덕법칙을 편안하고 관대한 수준에 맞추려 하는 것에 대해 경고하고, 당장이라도 의지의 신성성을 획득할 수 있다는 접신적인 몽상에 대해 경고합니다. 이성적이지만 정념적이기도 한 유한한 존재자는 낮은 단계에서 높은 단계로 그 도덕적 완전성을 향해 무한히 전진해 갈 수 있을 뿐입니다. 저 신성성은 오로지 지성적 직관(신적 지성)에게서만 온전히 발견될 수 있습니다. 이 몫에 대한 희망과 관련하여 피조물들에게 귀속될 수 있는 유일한 것은 그의 마음씨가 시련받고 있다는 의식입니다. 악에 노출되어 있다는 의식, 더 한없이 노력해야 한다는 의식, 그런 시련의 의식만이 피조물의 몫입니다. 이를 통해 피조물들은 악에서 선으로 진보하게 되고, 이 진보를 통해 다져진 부동의 결의를 통해 이 생을 넘어서까지 그 노력을 계속하겠다고 다짐하게 됩니다. 이 무한성 속에서만 자신의 희망이 신의 의지에 온전히 합치할 것이라고 믿으면서 말이죠.

신의 현존에 대한 요청

다음으로 최고선의 둘째 요소인 (윤리성에 맞는) 행복의 가능성(결과)을 위해 신의 실존(원인)을 요청할 수밖에 없습니다. 행복이란 이성적 존재자의 소망과 의지대로 실존 전체가 진행되는 상태로서 자연이 그의 전 목적에 합치하는 것이라 할 수 있습니다. 그런데 도덕법칙은 자유의 법칙이긴 하지만 세계 전체가 이성적 존재자의 뜻대로 움직이지는 않습니다. 따라서 세계의 일부에 불과한 존재자의 행복은 윤리성에 비례하지 못합니다. 그런 점에서 행복과 윤리의 합치를 가능하게 하는, 자연과 구별되는 예지적 자연의 원인이라 할 수 있는 신이 실존해야 하겠습니다. 이때 신은 현상계적 사물과 관련된 신일 수는 없습니다. 저 신이 현상계를 창조한 신이라면, 그리고 이 현상계가 세계의 전부라면 시간의 지배 속에서 신조차 자유로울 수 없습니다.

그런데 주의해야 할 것은 신이 현존해야 최고선이 가능하다는 이 도덕적 필연성이 객관적인 것은 아니라 하더라도 주관적으로는 필요하다는 것입니다. 다시 말해 신의 실존을 반드시 의무적으로 상정해야 하는 것은 아닙니다. 우리에게 의무에 속하는 것은 신의 실존이 아니라 이 세계에서 최고선을 제시하고 촉진하는 작업뿐입니다. 하지만 신을 상정하는 것은 최고선의 실현이라는 실천적 의도에서 나타나는 주관적 믿음, 즉 순수한 이성 신앙에 바탕을 둔 것입니다. 당연히 이론이성의 입장에서는 가설에 불과하지만 그래도 순수실천이성의 관점에서는 필요한 신앙입니다.

이런 관점에서 볼 때 고대 그리스학파들이 최고선의 문제를 해결하지 못한 까닭을 알 수 있게 됩니다. 그들은 인간의 의지가 자유롭기만을 원했을 뿐 신의 현존을 생각지 못했던 것입니다. 에피쿠로스학파는 행복의 원리를 윤리로 삼았다는 점에서 아예 잘못되었지만, 최고선의 권위를 인간의 영리함에 의해 얻을 수 있는 것보다 더 큰 것으로는 생각지 않았다는 점에서 일관성 있는 처신이긴 했습니다. 그러나 그들은 자신의 준칙들이 허용할 수밖에 없고 준칙을 법칙으로 사용할 수 없게 만드는 경험적 예외들을 결코 헤아리지 못했습니다. 다시 말해 경험적인 것들에 종속될 때 도덕법칙이 만들어질 수 없다는 사실을 깨닫지 못한 것입니다.

반면 스토아학파가 덕을 최고선으로 선택한 것은 옳았습니다. 하지만 이 최고선의 경지를 현자라는 이름 아래 이승에서 도달할 수 있는 것으로 상정하면서 인간의 도덕적 능력을 자연 본성의 제한을 넘어서까지 확대하고 말았다는 점에서는 크게 실수를 하고 맙니다. 특히 행복을 인간 욕구 능력의 특수한 대상으로 인정하지 않으려 했고, 이로 인해 현자를 자연으로부터의 만족에서 완전히 독립적인 존재로 만들어 버립니다. 그리고 현자를 악으로부터 전적으로 자유로운 자로 서술함으로써 자기 행복 개념을 아예 제거해 버립니다. 그들은 행복이 순전히 인격적 가치와 윤리적 사고방식 안에만 있는 것으로 생각했던 것입니다.

반면 기독교의 교설은 최고선의 개념('신의 나라')에 대한 가장 적절한 설명을 제공한다고 칸트는 말합니다. 여기서는 이성적 존재자가 도덕법칙에 헌신하는 세계를 신의 나라라고 서술함으로써 최고선에서 행복이라는 요소의 결여를 보완합니다. 신의 나라에서는 창시자에 의해 윤리와 행복이 조화에 이를 수 있기 때문입니다. 윤리적 신성성이 이승에서 모범으로 제시되고는 있지만 그 지복은 영원성 아래서만 얻을 수 있는 것으로 표상하고 있는 것입니다.

사변적 이념과 실천적 요청의 관계

칸트는 도덕의 원칙에서 도출되는 요청으로 영혼의 불멸과 신의 현존 말고 자유까지 거론합니다(A238). 그러고 보면 실천적 영역에서 자유는 도덕법칙의 존재 근거이자 최고선의 실현을 위한 요청이라는 두 가지 자격을 동시에 갖는 특권을 누리는 셈입니다. 이제 이 세 가지 요청을 사변이성과의 관계에서 살펴볼 차례입니다. 요청들은 이론적 교리들이 아니라 실천적 전제들입니다. 그렇기 때문에 요청을 통해 사변적 인식이 확장되는 것은 아닙니다. 대신 『순수이성비판』에서 다뤘던 세 가지 이성의 이념들(영혼, 우주, 신)에 대해 실천적 차원에서 객관적 실재성을 부여하게 됩니다.

영혼의 불멸은 도덕법칙을 완벽하게 실현하기 위해 필요한 '시간의 길이'라는 조건에서 나오는 요청입니다. 자유는 이성이 감성세계로부터 독립해 예지세계의 법칙에 따라 의지를 규정해야 한다는 조건에서 나오는 요청입니다. 신의 현존은 최고선을 보장하기 위한 예지적 필요조건에서 나오는 요청입니다. 최고선의 가능성과 객관적 실재성은 사변이성이 과제로서 제기하기는 했지만 해결할 수 없었던 이념들을 실천이성의 요청들을 통해 해결하게 됩니다.

먼저 사변이성이 오류추리에 빠질 수밖에 없었던 영혼 불멸이라는 이념이 있습니다. 여기서 오류추리는 자기의식에 있어 영혼에 필연적으로 부가되는 최종적 주체라는 심리학적 개념을 실체라는 표상으로 보완하기 위해서는 고정불변성이라는 징표가 있어야 하는데 그것이 없어서 발생한 것입니다. 실천이성은 자신의 목적인 최고선에서 도덕법칙과의 부합에 필요한 시간 길이(불멸=영원성)를 요청함으로써 이 사변이성의 목적을 달성하게 됩니다. 다시 말해 영혼이라는 형이상학적 실체는 오로지 실천적인 차원에서만 그 실체성을 보장받을 수 있게 된다는 뜻입니다.

다음으로 사변이성이 이율배반에 빠지게 되었던 우주라는 이념이 있습니다. 사변이성은 이 이율배반을 해소하기 위해 자연필연성의 현상계와 예지적 자유를 구분하면서 자유의 가능성 정도를 확인하는 데 그쳤습니다. 그러나 실천이성은 최고선과 도덕법칙을 통해 이 자유의 실재성을 명시하게 됩니다. 마지막으로 사변이성이 초월적 이상으로서 무규정적으로 남겨 둘 수밖에 없었던 근원 존재자(신)라는 신학적 개념도 실천이성은 예지세계에서의 최고선을 위한 최상 원리라는 실천적 의미를 제공하면서 실재화하게 됩니다.

이렇게 사변이성에게는 지성적 인식과 경험적 가능성을 초월했던 여러 초험적 개념들(영혼, 자유, 신)이 실천이성을 통해 실천적 차원에서 내재적인 것으로 전환됩니다. "왜냐하면 우리는 이것을 통해 우리 영혼의 본성이나 예지의 세계나 최고선을 그것들이 그 자체로 무엇인가 하고 인식하는 것이 아니라 단지 이 개념들을 우리 의지의 객관인 최고선이라는 실천 개념에서 통합했기 때문"(A240)입니다. 이 개념들은 도덕법칙을 통해 그 실천적 실재성을 인정받는 요청들이 됩니다. 우리는 이런 이념들에 대해 자유와 신이 어떻게 가능하고 어떻게 이론적으로 인식될 수 있는지 묻지 않습니다. 대신 그러한 것들이 있어야 한다는 것을 도덕법칙을 통해 요청할 뿐입니다.

순수이성의 실천적 확장

우리의 인식을 실천적으로 확장하기 위해서는 독립적으로 의지를 규정하는 정언명령에 의해 실천적으로 필연적이라고 표상되는 의지의 대상인 최고선이 주어져야 합니다. 그런데 이 최고선이라는 개념은 이론적인 관점에서는 그 어떤 실재성도 발견되지 않는 자유, 영혼 불멸, 신이라는 요청 없이는 가능하지 않습니다. 그러므로 최고선의 실존을 명령하는 도덕법칙에 의해 저런 개념들의 객관적 실재성이 요청되는 것입니다. 그렇다고 이런 개념들이 이론적으로 실재성을 갖는 것은 아닙니다. 분명 이 세 가지 요청은 사변적 의도에서는 우리에게 이론적 확장의 능력을 부여하지 않습니다. 이 요청들을 인식의 차원에서 활용할 경우 우리는 여러 오류와 이율배반에 빠지게 될 뿐입니다.

그러나 저 세 가지 이념(요청)도 실천적인 차원에서는 우리 인식을 확장하는 데 도움을 줍니다. 세 가지 이념은 그 자체로는 아무런 인식도 아닙니다. 그러나 그렇다고 불가능한 것도 아닌 초험적 사상들입니다. 이것들은 오로지 실천 법칙에 의해 그 객관적 실재성을 얻을 수 있습니다. 다시 말해 저 이념들이 어떻게 현실적 대상과 관계를 맺는지 보여 줄 수는 없지만 도덕법칙을 통해서 최고선이라는 대상을 가질 수 있다는 사실을 제시할 수 있습니다. 우리는 초감성적 대상들에 대해 인식의 직접적 확장이라고는 하지 못해도 실천적 가능성 정도는 용인할 수 있는 것입니다. 그런 점에서 이는 경험적 한계 안에 갇힌 이론이성의 확장이자 초감성적인 것 일반에 대한 실천적 인식의 확장이라고 할 수 있습니다.

다시 말해 최소한 실천이성의 차원에서 저 이념들은 내재적으로 사용되고 있고 그런 점에서 구성적(constitutive) 용법을 갖습니다. 저 요청과 이념을 통해 이론적으로 인식하려 들지 않기 때문에 실천적으로 내재적인 것이고, 저 요청들을 통해 최고선이라는 필연적인 대상의 실재성을 규정할 수 있기 때문에 구성적입니다. 만약 우리가 저 이념들을 지성의 한계 안에서 직접 규정하려 들었다면 초험적이었을 것이고, 그럼에도 경험을 넘어서는 최고선이라는 대상을 규정할 수 없기 때문에 그저 규제적(regulative) 원리로 사용하는 데 그쳤을 것입니다. 우리는 저 이념들을 오직 실천적인 차원에서만 구성적으로 사용해야 합니다. 다시 말해 우리는 저런 이념들을 직접 인식한다고 말해서는 안 됩니다. 이런 조건을 엄밀히 지킨다면 신인 동형론과 같은 미신을 방지할 수 있고 초감성적인 직관을 약속하는 광신을 예방할 수 있습니다. 이런 것들은 모두 이성의 실천적 사용을 방해하는 것들입니다.

대상을 인식하기 위해 우리는 범주들을 구성적으로 이용합니다. 범주 없이는 어떤 대상도 인식할 수 없는 것이죠. 하지만 범주만 있어서는 인식이 성립하지 않습니다. 감성적 직관이 우리의 질료로 주어질 때만 범주는 그 종합의 기능을 통해 인식을 가능케 합니다. 하지만 직관이라는 질료가 없다고 해서 범주가 무용지물이 되는 것은 아닙니다. 대신 그때의 범주는 그저 생각하는 것이지 인식하는 것은 아닙니다. 하지만 생각하는 데 그치는 범주라 하더라도 그 범주로 하여금 대상(가령 최고선)을 적극적으로 규정할 수 있게 하는 것이 바로 실천이성의 차원입니다. 범주는 실천적인 차원에서는 언제든 구성적으로 사용해도 불법적이지 않습니다.

이런 조건에서 우리는 다음과 같은 물음에 쉽게 답할 수 있게 됩니다. 신이라는 개념은 물리학(자연학)에 속하는 것인가 아니면 도덕적인 차원에 속하는 것인가? 자연의 구조물이나 변화를 설명하면서 만물의 '창시자'라는 신을 거론한다면 이는 물리적 설명은 될 수 없습니다. 왜냐하면 자연의 변화는 인과의 계속이기 때문에 자유의 순간과 창시의 순간을 가정할 수 없는 것입니다. 그리고 형이상학적으로 이 세계에 대한 인식에 의거해 추리를 통해 신의 존재 증명에 이르는 것도 불가능합니다(대표적으로 라이프니츠). 이 세계가 어떤 신에 의해 가능한 것이라고 말하기 위해서는 이 세계를 있을 수 있는 여러 가능한 세계들 중에서 가장 완전한 전체로 인식하는 전지적 능력을 요구합니다. 그러나 우리는 이 세계를 다 알지 못하며, 이 세계가 과연 신의 능력에 합당한 완전한 전체인지도 모릅니다. 또한 이런 신의 실존을 순전히 개념들로부터 인식한다는 것도 절대적으로 불가능합니다. '아버지는 사장이다'라는 명제의 확실성은 아버지의 개념에서 도출되는 것이 아니라 사장이라는 실존에 대한 확인을 요구합니다. 이처럼 사물의 '실존'은 그 사물의 개념을 넘어서 지성 바깥에서 그 증거를 지각해야 하기 때문에 개념만으로는 이 감성적 직관을 추리할 수 없습니다.

그러므로 신을 자연학적으로 인식할 방법은 없습니다. 하지만 이성에게 신을 인식할 수 있는 유일한 방법이 하나 있게 되는데, 그것은 순수이성이 실천적으로 그 최상의 객관(최고선)을 규정하는 것입니다. 이때 최고선의 가능성을 위해 근원적인 존재자가 상정되어야 할 필연성이 드러날 뿐만 아니라, 사변적으로는 불가능했던 이런 근원 존재자에 대한 규정적인 개념이 드러나게 됩니다. 도덕적으로 존재하는 그는 아마도 우리의 처신을 그 깊은 내면에서까지 인식하기 위해 전지해야 할 것이며, 그에 맞는 결과를 베풀어 주기 위해 전능해야 하며, 또한 최고선을 위한 우리의 영원한 노력을 지켜보기 위해서라도 영원해야 할 것입니다. 신이라는 개념은 물리학에 속하는 것이 아니라 최고선 개념과 관련된 실천이성의 영역에 속하는 것입니다.

인식 능력들의 조화

인간의 자연 본성이 최고선을 추구하도록 정해져 있다면 우리 인식 능력들도 이 목적에 맞춰 서로 조화롭도록 되어 있지 않을까요? 그런데 사변이성이 이 최고선을 인식하는 데 있어 실천이성에 비해 참으로 불충분하다는 점을 우리는 밝혔습니다. 그런 점에서 보면 자연은 이 최고선을 달성하는 데 있어 우리의 능력을 의붓어머니처럼 배려해 준 것으로 보입니다. 다시 말해 지성과 이성은 최고선을 인식하는 데 있어 서로 일치하고 있지 못합니다. 지성은 인식에 있어 최고선의 가능성만을 상정할 뿐이고 이성은 그 실재성을 오직 실천적으로만 확인할 뿐입니다.

그런데 만약 자연이 우리 소망대로 해주었다면 어떻게 될까요? 다시 말해 우리가 소유하고 싶어 하는 저 최고선에 대한 통찰과 혜안을 우리가 실제로 갖게 된다면 어떻게 될까요? 불멸의 영혼에 의해 무한한 시간의 경과 이후에나 가까스로 획득될 수 있는 최고선에 대한 통찰을 지금 바로 우리가 소유하게 된다면 어떤 결과가 나타날까요? 표현을 바꾸면, 저 예지계의 법칙이 우리 현상계의 법칙이 되어 인식 가능하게 되었다면 어떤 일이 발생할까요? 자유의 차원이 열릴까요, 아니면 그 반대일까요? 칸트는 그런 세계를 다음과 같이 공포스러운 것으로 묘사하고 있습니다.

"도덕적 마음씨가 경향성들과 해야만 하는 싸움 — 이 싸움에서 얼마간의 패배 후에 그럼에도 점차로 마음의 도덕적 힘은 얻어질 수 있는 것이거니와 — 대신에 신과 영원성이 그 두려운 위엄과 함께 끊임없이 우리 눈앞에 놓일 것이다. [중략] 법칙 위반은 확실히 피해질 것이고, 지시 명령된 것은 행해질 것이다. [중략] 대부분의 합법칙적인 행위들은 공포에서 생길 것이고, 오직 소수의 행위는 희망에서 생길 것이나, 의무로부터는 전혀 아무런 행위도 생기지 않을 것이다. 그리하여 최고 지혜의 눈으로 볼 때 인격의 가치와 세계의 가치조차도 오로지 그것에 달려 있는 행위들의 도덕적 가치는 전혀 실존하지 않을 것이다"(A265~266).

원래 우리의 자연 본성은 도덕적이라고 하기는 어렵습니다. 맨 먼저 발언하는 것은 경향성일 것입니다. 나중에서야 도덕법칙이 이 경향성을 복속시키기 위해 발언하러 달려오겠지요. 그러나 우리가 애초부터 최고선에 대한 통찰을 지성의 영역(사변이성) 속에 갖게 된다면 도덕적 마음씨와 경향성들이 필히 거쳐야 했던 싸움은 사라지게 됩니다. 우리는 이미 예지계적 인식을 갖습니다. 그러므로 이제부터는 신과 영원성이 그 두려운 위엄과 함께 끊임없이 우리 눈앞에 놓이게 됩니다. 경향성과 싸우는 내면의 자발성이 아니라 신의 무서운 눈초리에 의해 움직이기 때문에 법칙 위반이 줄어드는 건 확실합니다. 신의 지시와 명령은 분명히 행해질 것입니다. 그러나 거기에 우리의 자발성이 있을 수 있을까요? 아담의 경우를 생각해 보면 쉽겠습니다. 모든 공간에서 신의 명령이 울려 퍼지는 상황에서 도대체 어떤 자율을 떠올리겠습니까? 현상계와의 갈등 없이 예지계로 바로 진출하는 것은 실상 예지적 능력의 상실과 마찬가지입니다.

이 공간에서 우리의 마음씨를 자극하고 법칙을 실천하도록 격려하는 것은 언제나 우리 외부에 존재하는 신의 음성입니다. 이성은 법칙의 존엄을 생생하게 표상함으로써 경향성들에 저항하는 힘을 모으기 위해 애써 스스로 향상할 필요가 없습니다. 우리의 행위는 분명 합법적일 것입니다. 그러나 그것을 도덕적이라고 할 수는 없습니다. 모든 합법적 행위들이 신에 대한 공포에서 생길 것이고, 오직 소수의 행위만이 신이 선사할 행복에 대한 희망에서 생길 것이기 때문입니다. 그 어떤 행위도 결코 의무로부터는 생기지 않을 것입니다. 그러므로 인격의 가치와 세계의 가치가 달려 있는 행위들의 도덕적 가치는 완전히 사라지고 말 것입니다. 인간의 처신은 순전한 기계성으로 전환될 것이고, 모든 것이 꼭두각시놀이처럼 잘 연출되겠지만 그런 배역들 중에서는 단 하나의 생명도 발견할 수 없을 것입니다.

그런데 다행히도(?) 우리의 실상은 이와는 전혀 다릅니다. 우리에게는 최고선에 대한 지성적 통찰이 없습니다. 우리에게는 오직 실천적 의무만이 가득합니다. 이성의 노력에도 불구하고 미래는 언제나 불분명하며, 세계 통치자는 그의 현존과 영광에 대해 우리로 하여금 오직 추측하게만 할 뿐입니다. 우리 안의 도덕법칙은 확실한 약속도 위협도 없이 이기심 없는 존경만을 요구하며, 이 존경이 활발하게 지배적이었을 때에만 겨우 초감성적인 나라에 대한 전망을 희미하게 볼 수 있도록 허락합니다. 그러나 바로 이런 조건 속에서만 진정으로 윤리적인 마음씨가 생겨날 수 있는 것입니다. 이성적 피조물이 자신의 인격이 갖는 도덕적 가치에 부합하는 최고선에 참여할 품격을 획득할 수 있는 것입니다. 따라서 우리의 사변이성이 한계 속에 놓여 있다는 것, 다시 말해 우리의 세계가 현상계와 예지계로 분열되어 있다는 것은 사실 자연의 놀라운 지혜라 할 것입니다.

별이 빛나는 하늘과 내 안의 도덕법칙

이렇게 『실천이성비판』에 대한 해설이 끝났습니다. 칸트에게 인간의 숭고함은 오직 도덕적 실천과 윤리적 의무 속에 있습니다. 비록 동물적인 존재에서 벗어나지 못하는 태생적 한계를 갖고 있다고 해도 인간은 동물적인 단계로부터 초월할 수 있게 하는 인격적 가치를 소유하고 있습니다. 칸트는 이 대비를 맺음말에서 '머리 위 별이 빛나는 하늘과 마음속 도덕법칙'으로 비유합니다. 아주 유명한 구절이죠. "그에 대해서 자주 그리고 계속해서 숙고하면 할수록 점점 더 새롭고 점점 더 큰 경탄과 외경으로 마음을 채우는 두 가지 것이 있다. 그것은 내 위의 별이 빛나는 하늘과 내 안의 도덕법칙이다"(A288).

우리는 별이 빛나는 하늘을 보면서 이 우주의 광대함을 절감합니다. 천체들을 포괄하는 천체들, 그 시간의 무한성을 마주할 때마다 우리의 동물적 피조물로서의 중요성은 사라지고 맙니다. 우리는 아주 찰나의 생명력을 부여받았을 뿐인 티끌과 같은 우연적인 존재에 불과합니다. 하지만 우리는 우리의 자아와 인격성 속에서도 저 우주에 필적하는 무한성을 경험합니다. 우리는 이 예지적 세계와 보편적이고도 필연적으로 연결되어 있다고 확신합니다. 우리는 오직 도덕법칙의 세계 속에서 별이 빛나는 하늘에 맞먹는 위대함과 숭고함을 경험합니다. 이를 칸트는 다음과 같이 감격적으로 서술합니다.

"무수한 세계 집합의 첫째 광경은 동물적 피조물로서의 나의 중요성을 없애 버린다. 동물적 피조물은 그것으로 그가 된 질료를 (어떻게 그리된 것인지는 모르겠지만) 짧은 시간 동안 생명력을 부여받은 후에는 다시금 (우주 안의 한낱 점인) 유성에게로 되돌려줄 수밖에 없다. 이에 반해 두번째 광경은 [예]지적 존재자로서의 나의 가치를 나의 인격성을 통해 한없이 높인다. 인격성에서 도덕법칙은 동물성으로부터, 더 나아가 전 감성세계로부터 독립해 있는 생을 나에게 개시한다. 적어도 이것이 도덕법칙에 의해 이승의 생의 조건들과 한계에 제한받지 않고 무한히 나아가는 나의 현존의 합목적적 규정으로부터 추정되는 만큼은 말이다"(A289~290).

부록

칸트의 형식주의 윤리와
정언명령의 의미

Kritik der praktischen Vernunft

1. 안티고네와 칸트적 윤리

안티고네의 문제

칸트의 정언명령의 윤리를 어떻게 이해하면 좋을까요? 내용이 사라지고 형식만 남은 정언명령이 윤리의 역할을 할 수는 있는 것일까요? 칸트의 윤리가 우리에게 줄 수 있는 의미를 최대한 적극적으로 해석해 보도록 하겠습니다. 이를 위해 윤리 문제를 다룰 때, 특히 칸트의 윤리를 다룰 때 많이 언급되는 작품인『안티고네』에서 출발해 보겠습니다. 사실 이 비극의 서사 자체는 굉장히 단순합니다. 이는 안티고네 아버지의 이야기인『오이디푸스』의 서사와 비교해 봐도 금방 알 수 있습니다. 오이디푸스가 범인을 추적하는 과정('너는 누구냐?')이 곧 자신의 정체성을 밝히는 과정('나는 누구인가?')이 되는 이 서사적 장치는 대단히 복잡하고 매혹적입니다. 그래서 '본 시리즈'와 같은 여러 현대 누아르물에서도 변주되고 있지요.

하지만 안티고네의 죽음을 둘러싼 서사는 이런 정교한 서사적 장치 없이 거의 단선적으로 결론으로 치닫습니다. 오빠 폴리네이케스의 장례를 치르겠다는 안티고네의 고집과 그것을 금지한 통치자 크레온의 대결, 그리고 안티고네의 죽음이 서사의 전부입니다. 이 작품에 대한 표준적 해석에는 헤겔의 역할이 큰 듯합니다. 헤겔은 이 작품에서 자연적인 질서에 의거한 인륜 공동체의 붕괴를 읽어 냅니다(김옥경, 「헤겔에서 불행한 의식과 행복한 의식의 변증법」, 23쪽). 헤겔에 따르면 고대의 인륜성은 그 직접성을 특징으로 합니다. 아직 부정되지 않은 정신, 그리하여 자연적으로 조화로운 상태에 있는 정신, 그것이 바로 고대 정치 공동체의 인륜적 상태입니다. 그런데 안티고네라는 주관적인 자유를 지닌 개인이 등장하고 공동체의 법에 저항하면서 개인의 권리에 대한 의식이 발전하게 됩니다.

자체적으로는 조화로운 상태에 있던 고대의 공동체가 드디어 그 조화를 부정하는 사적인 정신을 만난 것입니다. 이렇게 공적인 것과 사적인 것이 분리되면서 고대의 윤리를 둘러싼 대립과 투쟁이 벌어지는 장면이 『안티고네』의 철학적 의미라고 헤겔은 판단합니다. 자연적인 인륜 공동체와의 직접적인 통일성으로부터 벗어나는 개인들을 통해 고대 세계가 점차 근대적인 인륜성으로 이동한다는 것이죠. 그런데 안티고네라는 인물에 대한 이런 헤겔의 해석은 다른 작품들에 대해 일관적이지 않다는 지젝의 이견이 있습니다.

눈을 찌르고 테베를 떠난 오이디푸스의 후일담을 다룬 『콜로누스의 오이디푸스』에서도 안티고네가 등장합니다. 이 작품에서 오이디푸스는 공동체로부터 터부시되는 존재이기 때문에 아무 데서도 받아들여지지 못합니다. 작품의 말미에 가서야 신에 의해 용서를 받고 죽게 되는데 그의 죽음에 대한 묘사를 보면 그가 흔적도 없이 사라져 버렸다고 되어 있습니다. 시체가 남지 않은 죽음입니다. 그런데 오빠의 죽음에 대해서는 장례의 절차가 필요하다고 그렇게 고집했던 안티고네가 이 상황에서는 아무런 반응이 없습니다. 아버지의 장례에 대해서는 그렇게 강박적인 주장을 하지 않고 있는 것이죠. 그렇다면 개인의 권리 의식에 대한 주장으로 해석하는 헤겔의 관점은 조금 부족해 보입니다.

사실 안티고네는 죽기 전에 이미 자신의 정체성과 일관성을 보증하던 사회적이고 상징적인 연결망으로부터 배제되어 있었습니다. 살아는 있었지만 이미 죽은 것과 다름없는 상태였던 것이죠. 생물학적인 죽음이 아닌 상징적 죽음의 상태, '산 주검'(living dead)의 상태에 있었다고 할 수 있습니다. 지젝은 라캉을 인용하며 상징적 죽음을 각오하는 안티고네의 행위야말로 참된 '윤리적인 행위'라고 말하고 있습니다(지젝, 『까다로운 주체』, 424쪽). 안티고네는 고대적 인륜성의 붕괴와 근대적 인륜성으로의 이행을 낳는 개인적 의식의 각성이 아니라 윤리적 행위의 전형을 보여 준다는 것이죠. 개인적으로는 이런 해석이 훨씬 더 매력적으로 보입니다. 어찌 보면 크레온과의 대결과 안테고네의 죽음이라는 간결하고 단선적인 서사는 이 윤리적 행위의 급진성을 보여 주는 서사적 장치라고도 해석할 수 있겠습니다. 칸트의 윤리학을 윤리적 행위로 명명된 안티고네의 강박적 고집을 이해하는 방식으로 해석해 보도록 하겠습니다.

산 주검

'상징적 죽음'이란 상징적 질서에서 배제되는 상태를 말합니다. 그리고 '상징적 질서'는 우리의 정체성이나 자아의 일관성을 보증하는 사회적 질서를 뜻하는 정신분석학적 개념입니다. 가령 아버지라는 정체성, 학생이라는 정체성, 그 외에 여러 사회적 관계 속에서의 위치 등은 우리의 내재적 본질에서 발현되는 것은 아닙니다. 그것은 수많은 타자와의 네트워크에 의해 규정되는 외적 차이들의 집합체라고 할 수 있습니다. 아무리 우리가 학생이려고 해도 그런 정체성을 부정하는 관계 속에서는 학생일 수 없습니다. 그리고 그런 정체성을 부정당할 때 우리는 살아 있어도 살아 있지 않은 듯한 고통 속에 처하게 됩니다. 이것이 바로 상징적 질서에서 배제된 '산 주검'의 상태입니다.

우리는 이런 존재를 몰리에르의 작품인 『돈 후안』이라는 비극 속에서 확인할 수 있습니다. 바람둥이 돈 후안이 유혹하는 여성 중에는 수녀원에 유폐된 채 종교 생활을 하고 있던 부인도 있었습니다. 그렇다면 이 시대 수녀원이란 무엇일까요? 법의 영역 바깥의 남자와 잠자리를 하는 여성은 가부장적인 상징적 질서 속에서 하나의 "참을 수 없는 광경"이자 "열린 상처"입니다. 그런 질서는 이런 여성을 처리하는 두 가지 방법을 갖고 있었는데, 그 하나는 여성의 명예를 앗아간 남자와 결혼을 시키는 것이고, 다른 하나는 수녀원에 유폐시키는 것입니다.

전통적인 가부장적 사회에서 수녀원은 그렇게 명예를 상실한 여성들, "상징적 역할들의 주어진 배치 속에서 자신의 자리를 상실한, 그리하여 '갈 곳이 아무 데도 없는' 여자들을 위한 유일한 안식처"였다고 합니다(주판치치, 『실재의 윤리』, 211~212쪽). 살아는 있어도 상징적 공간에서 자신의 자리를 잃은 여성으로 하여금 현실로부터 그 자취를 감추도록 하는 기능을 하는 것이 수녀원입니다. 그러므로 수녀원은 거의 실제적인 죽음의 위상을 갖습니다. 이런 상징적 기능에 있어 수녀원은 장례식과 거의 등가적입니다. 수녀원과 장례식은 모두 실제적인 죽음과 상징적인 죽음을 일치시키기 위한 것입니다.

지상을 걸어다니는 유령, 그런 존재가 바로 상징적으로 죽은 저 수녀원의 여성입니다. 이는 안티고네에게서도 확인 가능한 사실입니다. 그녀는 자살하기 전에 이미 사회적으로 배제됩니다. 크레온의 명령에 의해 누구도 그녀와 만날 수도 없고 접촉할 수 없도록 되었으니까요. 안티고네의 자발적 죽음 이전에 이미 상징적 죽음이 있었습니다. 그녀는 유폐된 유령입니다. 그러므로 그녀의 자살은 이 상징적 죽음과 현실적 죽음을 일치시키는 일이 됩니다. 그녀는 상징적 공간에서 배제되었다는 사실을 현실적인 것으로 만듭니다.

그런데 라캉이나 지젝은 이런 안티고네의 행위야말로 윤리적인 것이라 말합니다. 우리가 알고 있는 윤리의 이미지와는 완전히 다릅니다. 사실 안티고네는 공동체의 율법을 무시한 존재입니다. 아무리 신의 명령이었다 할지라도(안티고네의 주장) 공동체 전체의 질서를 파괴한 잘못이 있습니다. 그런데도 이것이 윤리적인 행위일까요? 칸트의 철학은 바로 이렇게 모호한 영역에서 윤리성의 기초를 마련해 줍니다. 상징적 죽음을 각오하고 감행하는 안티고네의 행위, 거기에 우리가 찾아내려는 윤리성이 있고, 칸트 윤리학의 핵심이 있습니다. 이를 지금부터 '윤리의 형식주의'라고 명명하겠습니다.

2. 윤리의 형식주의

형식적인 것

'형식'에 대해 칸트는 이렇게 강조하고 있습니다. "실천 원리의 질료는 의지의 대상이다. 이 대상은 의지의 규정 근거이거나 아니거나이다. 만약 그것이 의지의 규정 근거이면 의지의 규칙은 경험적 조건에 (즉 규정하는 표상의 쾌 또는 불쾌의 감정에 대한 관계에) 종속될 터이고, 따라서 아무런 실천 법칙도 아닐 것이다. 그런데 우리가 법칙에서 모든 질료를, 다시 말해 의지의 (규정 근거로서) 일체의 대상을 떼어 내고 나면 보편적 법칙 수립의 순전한 형식 외에 남는 것은 아무것도 없다"(정리3, A48).

우리의 의지가 질료(내용)에 의해 규정되면 우리 의지는 실천에 있어 법칙을 형성할 수 없게 됩니다. 경험적인 조건에 따라 의지가 동기로 받아들이는 대상(질료)이 매번 달라지기 때문이죠. 따라서 의지에서 법칙을 발견하고자 한다면 질료를 떼어 내고 법칙의 형식만을 남겨야 한다는 것입니다. 칸트에게 실천적 법칙은 질료가 제거된 도덕법칙이자 형식만의 도덕법칙입니다. 그래서 칸트의 도덕법칙은 다음과 같은 기이한 명제가 됩니다. "너의 의지의 준칙이 항상 동시에 보편적 법칙 수립의 원리로서 타당할 수 있도록 그렇게 행위하라"(A54).

이 정언명령은 어떤 행위를 하라는 명령이 아니라 그 행위의 조건이 어떠해야 한다는 명령입니다. 행위의 형식만을 지시하는 굉장히 독특한 명령입니다. 그런 점에서 칸트의 윤리학은 아주 낯선 영역에 있습니다. 그러나 사실 이렇게 형식을 강조하는 것들을 우리는 다양한 차원에서 확인할 수 있습니다. 먼저 예술적인 차원에서는 마르셀 뒤샹이라는 예술가를 보는 게 좋습니다. 그의 작품 중에 「샘」(1917)이라는 레디메이드 제품이 있는데, 이는 시중에서 파는 소변기에 불과합니다. 이런 소변기를 그럴싸한 작품이나 되는 듯이 뉴욕의 한 전시회에 출품한 것이죠. 하지만 결국 전시되지 못하고 수많은 논란을 낳기만 했습니다.

뒤샹은 지금 하나의 문제를 던지고 있습니다. 기성품인 소변기도 예술품이 될 수 있다는 것입니다. 대량생산된 복제품이 독창적인 작품으로 실체 변환할 수 있는데, 이는 기존의 예술 개념으로는 불가능하고 새로운 예술 개념에 의해서 가능하다는 것입니다. 예술 작품이 어떤 실체적 형태로 존재하는 것이 아니라 어떤 과정에 의해 예술 작품으로 실체 변환된다는 것입니다. 그것이 무엇일까요? 뒤샹은 그것이 내용이 아니라 형식이라고 말하고 있습니다. 복제품인 소변기도 「샘」이라는 그럴싸한 이름을 달고 예술 공간이라는 형식 안에만 놓이면 예술품이 될 수 있다는 것입니다. 그는 예술을 대상의 내용적 실체성을 통해 평가하는 당시의 상식 자체에 커다란 질문을 던지고 있었던 것입니다. 뒤샹 이후로 우리는 미술관이 아니었다면 예술 작품으로 받아들이지 않을 그런 낯설고 비상식적인 작품들을 미술관에서 무수히 만나고 있습니다.

종교적 차원에서는 어떨까요? 가장 근대적인 신, 그것은 바로 예정(predetermination)의 신이라고 합니다. 전통적 가톨릭에서 구원은 신의 예정과는 아무런 관련이 없었습니다. 그것은 세속적인 선행과 부에 달려 있었습니다. 아무리 죄를 많이 지었더라도 선행만 하면 신에 의해 구원될 수 있다는 것이죠. 면죄부도 바로 그런 해석 속에서 나올 수 있는 것입니다. 그러나 프로테스탄트적인 예정의 논리에서는 세속적인 부와 같은 것은 신성한 행위를 통해 구원되었다는 명확한 표지 기능을 상실합니다. 예정의 신은 구원과 관련된 인간들의 현실적 행위나 속성들에 근거를 두지 않은 채 순전히 형식적이고 심연적인 결단 행위를 통해 구원받은 자와 저주받은 자 사이에 결단의 선을 긋습니다(지젝, 『까다로운 주체』, 196쪽). 즉 근대적인 신 안에는 인간의 실정적(positive) 특성과 관계없는 결단의 형식만 존재합니다. 인간은 부유하거나 선행을 했기 때문에 구원을 받는 게 아니라 구원을 받았기 때문에 선행을 하거나 부유한 것입니다.

역사적이고 정치적인 차원(윤리적 차원)에서도 이 형식은 중대한 의미를 가질 수 있습니다. 파시즘과 전체주의를 어떻게 규정할 수 있을까요? 다양한 방식이 있겠지만 그것을 역사적 진리에 기반한 윤리의 극단주의라고 할 수 없을까요? 파시즘이나 전체주의는 기본적으로 '최후의 심판'이라는 종말론적 역사관을 갖고 있습니다. 역사의 의미와 행위의 진리가 최종적인 순간에 판정될 수 있다는 논리입니다. 그 기초에는 바로 사회적이고 경제적인 과정에 대해 과학적 인식을 획득할 수 있다는 과학적 유물론이나 인종론이 있습니다. 그들의 혁명(윤리)은 이 과학적 진리에 바탕을 둔 것으로서, 부르주아 계급이든 유태인이든 모든 사멸할 운명의 존재들에 대한 대량학살은 과학적 통찰에 의해 정당화됩니다(지젝, 『이데올로기라는 숭고한 대상』, 244~246쪽). 그런 점에서 그들의 윤리(형식, 당위)는 철저히 진리(내용, 대상, 존재)에 기초합니다. 모든 폭력이 진리의 이름과 최후의 심판이라는 이름으로 정당화되고, 이에 따라 역사적으로 유례없는 전체주의적 폭력의 공간이 열리게 됩니다. 진리는 그 앞에 저항할 수 있는 공백을 용납하지 않습니다.

칸트도 물론 이 윤리라는 최고선(내용, 대상)을 주장합니다. 하지만 그 윤리의 내용은 언제나 비워 둡니다. 칸트에게 있어 존재의 진리와 윤리의 형식은 같은 자리에 있을 수 없습니다. 우리의 의지를 규정하는 것은 진리라는 사물의 질료가 아니라 도덕법칙이라는 순수형식일 뿐입니다. 칸트는『순수이성비판』에서 신앙을 위해 지식을 버릴 수밖에 없다고 했습니다. 다짜고짜 믿겠다는 것이 아니라 윤리(신앙)라는 것이 오직 지식(진리)이 끝나는 자리에서만 발생할 수 있다는 사실을 말하고 있는 것입니다. 신앙(윤리)이 지식(진리)을 품을 때의 위험성을 칸트는 이미 '광신'이라는 이름으로 경고하고 있었습니다. 어쨌든 필연성의 진리에 대한 인식과 윤리적 행위의 동일성을 주장하는 스피노자와는 아주 큰 거리를 두고 있는 셈입니다.

정념적인 것과 윤리적인 것

칸트에게서 내용(질료)의 자리를 차지하는 것들은 '정념적인 (pathological) 것'이라 불립니다. 이 정념적인 것이라는 개념은 칸트의 실천철학에서 아주 중요합니다. 우리의 상식과는 달리 정념적인 것은 병적인 것과는 아무런 관련이 없습니다. 우리의 정상적인 삶 자체가 칸트에게는 정념적인 것입니다. 신체적인 필요들에 따라 사는 것도, 그것보다 더 고상한 지적인 만족을 위해 사는 것도 모두 정념적인 것들입니다. 심지어 자유나 평화와 같이 우리 삶의 고귀한 추동력이라 할 수 있는 이상들도 모두 정념적인 질료들입니다. 이것들을 우리가 우리 삶에서 찾는 이유는 그것이 쾌락을 선사하기 때문입니다. 만족 없는 신체적이고 정신적인 필요들은 없습니다. 설령 자유나 평화라는 이념이 우리의 현실적 삶을 투쟁의 고통 속으로 몰아넣더라도 그것은 궁극적으로 우리에게 특정한 만족감을 선사합니다.

이것이 바로 우리의 정상적인 삶의 세계입니다. 정상적인 것은 정념적인 것이고, 그러므로 칸트에게 있어서는 윤리적인 것의 영역에 속하지 않는 것들입니다. 칸트는 그런 모든 정념들로부터 벗어나지 않는 한 실천이성의 지배 속에 있지 않다고 말합니다. 따라서 칸트의 윤리를 추동하는 것은 정상적인 삶과는 아주 다른 것에 대한 존경이라고도 표현할 수 있습니다. 그런 점에서 보면 살짝 두렵기까지 합니다. 이런 정상적인 삶을 포기해야 윤리성의 영역에 도달하는 것이라면 그런 삶이 과연 우리에게 바람직스럽다고 할 것인가, 하는 의문이 드는 것도 사실입니다.

하지만 칸트는 윤리적인 영역 속으로 입장하게 되면 그런 쾌락원칙의 세계를 상실하는 것이 아무런 문제도 되지 않는 차원이 열린다고 생각합니다. 다르게 표현하자면, 쾌락원칙이 주체에게 행사했던 그 매혹의 힘을 상실한다는 것이죠(주판치치, 『실재의 윤리』, 27쪽). 윤리적인 영역으로 들어가는 순간 우리는 쾌락들의 상실을 더 이상 상실로 경험하지 못합니다. 왜냐하면 이미 우리는 다른 존재가 되어 버렸기 때문입니다. 상실에 대한 두려움은 정념적인 영역에 사로잡힌 존재들에게나 남아 있는 것입니다. 물론 이런 사실을 안다고 칸트의 윤리에 대한 우리의 두려움이 완전히 사라지는 것은 아닙니다.

전통적인 윤리는 감각적인 쾌락보다는 지적인 쾌락을 지향할 경우 윤리적이라고 보았습니다. 그러나 칸트는 두 가지 모두 경험적이고 정념적인 것으로서 비윤리적인 것이라고 생각합니다. 대상의 차이나 쾌락의 강도의 차이만 존재할 뿐 본성상의 차이는 없다는 것입니다. 모두 쾌나 불쾌에 의해 지배

된다는 점에서 타율적인 것이지 자유로운 윤리가 될 수 없습니다. 우리의 의지가 정념에 의해 지배되면서 타율적인 상황에 처할 때 우리의 이성은 자신의 입법 능력을 잃고 맙니다. 칸트는 이를 하위 욕구 능력이라 불러 의지가 즐거움이 아니라 법칙의 형식에 의해 규정되는 상위 욕구 능력과 구별합니다(들뢰즈, 『칸트의 비판철학』, 19~20쪽). 이는 우리의 인식이 대상에 의해 지배될 때 하위 인식 능력이라고 하는 것과 마찬가지입니다. 『순수이성비판』이 지성에 의한 인식 대상의 규정이라는 상위 인식 능력을 파헤쳤다면 『실천이성비판』은 다른 동기 대신 이성이 직접 의지를 규정하는 상위 욕구 능력을 파헤칩니다.

칸트에 따르면 우리가 상위 욕구 능력에 이르는 것은 우리의 의지를 신체적인 필요로부터 지적인 욕망으로 고양시키는 것에 의해서는 불가능합니다. 욕망의 고차원성은 칸트의 윤리성과는 아무런 관계도 없습니다. 그러므로 우리가 인품을 고상하게 만들어 윤리적인 것에 도달하려고 해도 그것은 칸트의 윤리가 아닙니다. 그것들은 모두 하위 욕구 능력에 불과합니다. 원래 전통적으로 윤리적인 것이란 욕망의 과도함을 제어하는 절제의 미학에 있었습니다. 아리스토텔레스의 '중용'이 대표적이지요. 그러나 칸트의 윤리에서는 절제된 쾌락이든

과도한 쾌락이든 모두 질료에 의해 지배되는 타율의 영역에 있는 것입니다.

고상하게 살든 비천하게 살든 거기서 우리의 이성은 입법 적이지 못합니다. 이성 대신 쾌락이라는 동기가 작동하기 때문이죠. 이런 쾌락은 보편적일 수도 없습니다. 누구의 쾌락은 다른 누군가의 불쾌일 수도 있죠. 칸트의 윤리는 이런 쾌/불쾌의 차원을 넘어 전혀 다른 차원에서 전개됩니다. 쾌락원칙 너머의 어떤 '죽음충동'과도 같은 영역, 그런 미지의 세계가 칸트의 윤리가 도달하는 곳입니다.

합법적인 것과 윤리적인 것

정념적인 욕망은 윤리적이지 못합니다. 윤리적인 것은 질료나 대상을 갖지 않는 욕망입니다. 일종의 대상 없는 욕망만이 윤리적입니다. 그런데 대상이 없는 욕망이란 무엇일까요? 욕망은 욕망이지만 대상을 욕망하지 않는 욕망, 그것은 곧 욕망 자체를 욕망하는 욕망이라고도 할 수 있겠습니다. 이것이 바로 칸트의 형식주의적 윤리입니다. 대상에 대한 욕망의 관점에서 대상의 고상함과 비천함을 바탕으로 윤리적 욕망과 비윤리적 욕망으로 나누던 기존의 관습을 칸트는 모두 훌쩍 뛰어넘습니다. 윤리적 욕망과 비윤리적 욕망의 기준은 대상의 질적 평가에 달린 것이 아니라 대상 자체의 유무에 달려 있다고 말이죠. 대상이 아니라 도덕법칙이라는 순수한 형식이 실천적 행위의 동기로 작동할 수 있다는 것입니다.

　이 형식주의적 윤리는 욕망의 대상을 따지지 않고 오직 형식에 기반해 어떤 행위의 윤리성을 평가합니다. 무엇을 의지의 대상으로 삼았느냐가 아니라 그 행위가 도덕법칙이라는 형식에 합당했느냐 그렇지 않으냐가 중요한 것이죠. 법칙의 형식에 맞는 것을 합법적이라고 합니다. 그런데 여기서 칸트는 다시 두 가지를 구별합니다. 법칙의 형식에 맞지 않는 것(정념적인 것)은 무조건 비윤리적입니다. 그러나 법칙의 형식에 맞더라도 비윤리적인 것이 있을 수 있습니다. 따라서 합법적인 것에도 윤리적인 것과 비윤리적인 것이 있습니다.

　그러면 도덕법칙의 형식에 일치하는데도 비윤리적인 것이란 무엇일까요? 알렌카 주판치치가 인용하는 하나의 사례를 통해서 살펴보도록 하겠습니다. A라는 남자가 살인 혐의로 기소되었습니다. 그런데 그가 살인을 했다고 의심받던 그날 그를 몰래 미행하던 남자 B가 있었습니다. B는 자기 아내가 A와 부정한 짓을 저지른다고 의심했고 그래서 A를 몰래 뒤쫓고 있었던 것입니다. 살인이 있던 날 A는 자신의 집을 떠난 적이 없었고 당연히 범행도 저지르지 않았으며, B도 그 사실을 미행을 통해 알고 있었습니다. 자, 이제 B가 어떤 행위를 해야 윤리적인지 알아보겠습니다.

먼저 B가 복수를 하기 위해 위증을 한다고 하면(A가 살인을 저질렀다고 말한다면) 그는 비윤리적입니다. 진실하라는 정언명령을 위반하고 거짓말을 했기 때문에 우선적으로 비윤리적입니다. 그러나 B가 진실을 말했다고 하면 어떨까요? 여기서 우리는 칸트의 구별법에 맞춰 생각을 해야 합니다. A가 그날 살인 현장에 없었다고 B가 알리바이를 제공할 때(진실을 말할 때), 그것이 이 일을 계기로 아내를 되찾고자 하는 B의 사심에 의해서라거나 아내의 불륜과 얽힌 남자(A)의 일임에도 진실을 말하는 고결한 인물이라는 평가를 얻고자 하는 B의 욕심에 기인하는 것이라면 윤리적이지 않습니다. 도덕법칙에 맞긴 하지만 비윤리적입니다. 합법적이라는 것은 동기와 무관하게 어떤 활동이 도덕법칙에 부합하느냐의 여부만을 묻는 것입니다.

그러나 칸트의 윤리적 조건은 상당히 엄격합니다. 합법적일지라도 정념적 동기가 숨어 있다면 그것은 결코 윤리적일 수 없습니다. 그런 점에서 보면 칸트의 윤리는 합법성과 위법성의 구분법을 벗어난 차원에 자리합니다. 합법적인 것이나 윤리적인 것은 모두 형식주의적인 측면에서는 동일성을 갖지만 윤리성은 합법성의 영역에서 벗어납니다. 윤리적인 것은 우리의 행위가 도덕법칙의 의무('진실하라')에 부합할 것을 요구하지만 법칙에 부합하는 데 그친다면 그것은 B의 경우처럼 비윤리적일 수도 있습니다. 칸트는 도덕법칙에 대한 의무만이 동기일 것을 요구합니다. 다른 그 어떤 정념적 동기도 도덕법칙을 지키는 데 사용되어서는 안 된다는 것입니다. 오직 의무 때문에, 그리고 오직 의무만을 위해서 행위할 때만 칸트가 말하는 윤리적 행위의 차원에 들어서게 됩니다.

칸트는 이렇게 말합니다. "도덕법칙을 위해서, 그리고 도덕법칙이 의지에 대해 영향력을 행사하게 하기 위해서는 도덕법칙이 없어도 되는 어떤 다른 동기를 구해서는 안 된다. 왜냐하면 그럴 경우에는 갖가지 순전히 위선적인 것들이 영속성 없이 작용할 것이고, 심지어는 도덕법칙과 나란히 (이익의 동기와 같은) 여타 다른 동기들을 함께 작동시킬 우려 또한 있기 때문이다"(A127~128). B의 행위가 윤리적인 경우는 그가 오직 진실하라는 의무만을 위해 법정에서 증언을 할 때입니다. 의무에 부합해야 하지만 다른 동기를 숨긴 채 의무에 부합하는 것이 아니라 오직 의무에만 부합할 것, 이것이 칸트의 윤리입니다.

"의무의 개념은 행위에서는 객관적으로 법칙과의 합치를 요구하고, 그러나 행위의 준칙에서는 주관적으로 법칙에 의해 의지를 규정하는 유일한 방식인 법칙에 대한 존경을 요구한다. 의무에 맞게 행위했다는 의식과 의무로부터, 다시 말해 법칙에 대한 존경으로 인해 행위했다는 의식 사이의 구별은 바로 이 점에 의거한다. 이 가운데 전자(합법성)는 경향성들이 순전히 의지의 규정 근거들일 때에도 가능하지만, 그러나 후자(도덕성, 즉 도덕적 가치)는 오로지 행위가 의무로부터, 다시 말해 순전히 법칙을 위해 일어나는 데에만 두어져야 한다"(A144).

그렇다면 칸트의 윤리가 저 절제나 중용의 윤리와 다른 점이 없는 것일까요? 정념을 억제하고 절제해야 윤리적 상태에 이르는 것일까요? 그러나 칸트는 우리로 하여금 정념적 동기를 제거하라고 말하지 않습니다. 금욕주의적 실천에서 윤리를 찾지 않습니다. 대신 우리의 동기가 도덕법칙에 의해 작동할 수 있게 하라고 말합니다. 정념을 억제하기 위해 힘을 쓰라는 게 아니라 도덕법칙에 대한 우리의 불가항력적인 '존경'이 우리의 정념적 동기를 무시하는 힘을 갖는다고 말합니다. 그래서 윤리적 차원에 들어서면 우리의 경향성이나 정념적 동기들이 너무나 무가치하게 느껴지는 순간이 있다는 것입니다. 이는 정념적 욕망에 대한 금욕주의적 태도에서는 얻을 수 없는 상태입니다.

칸트에 따르면 도덕법칙은 어떤 어려운 경지에서 발동되는 것이 아닙니다. 우리가 어떤 행위를 할 때마다, 우리가 우리의 개인적인 준칙을 세울 때마다 우리 앞에 하나의 "이성의 사실"로서 존재한다고 합니다. 우리는 언제나 은연중에 도덕법칙과 우리의 준칙을 비교하면서 행위합니다. '이렇게 해도 되는 것일까?', '이런 행위가 용납될 수 있을까?' 이런 질문과 고뇌야말로 이미 도덕법칙이 우리에게 가동되고 있다는 표시입니다. 도덕법칙은 우리들의 자만과 자신에 대한 애착에 심각한 해를 입히고 우리로 하여금 겸허하게 합니다. 자신에 대한 애착만큼 인간에게 강한 감정(경향성)이 없다면 그런 애착을 분리하는 도덕법칙의 능력은 도대체 얼마나 큰 것일까요? 그 어떤 정념적인 감정과도 비교할 수 없는 이 숭고하고 특별한 감정에 대해 도대체 어떤 이름을 붙이면 좋을지 칸트는 고민합니다. 우리 자신의 무가치함을 그토록이나 엄격하게 꾸짖는 가혹한 도덕법칙, 우리는 그 도덕법칙을 통해서만 인간이라는 연약한 본성 위에 있는 숭고한 인격성을 확인하게 됩니다.

3. 칸트의 '외밀적' 자유

자유의 자리

칸트의 도덕은 질료로부터의 독립만이 아니라 인간의 자유를 바탕으로 합니다. 칸트는 『순수이성비판』에서 도덕은 필연적으로 가장 엄밀한 의미에서의 자유를 인간 의지의 성질로서 전제한다고 했습니다. 그리고 그 자유를 확보하기 위해 『순수이성비판』의 변증론이 쓰였던 것이기도 합니다. 사실 당연한 얘기지만 자유 없이 도덕이 성립할 수는 없는 법입니다. 필연성에 이끌린 행위에 대해 누가 도덕적인 책임을 물을 수 있겠습니까. 따라서 자유의 확보야말로 도덕을 위해 필수적인 절차입니다. 그래서인지 누군가는 칸트야말로 자유라는 주제를 연구한 거의 유일한 철학자라고도 말합니다(지젝, 『시차적 관점』, 191~192쪽). 자유를 연구한 철학자가 없었다는 것이 아니라 칸트에 이르러 비로소 금지와 대립되는 자유라는 개념에서 멀어질 수 있었다는 뜻입니다.

칸트는 자유를 억압이나 금지의 대립 개념으로 규정하지 않습니다. 자유는 그 자체로 자율적인 것입니다. 그러므로 자유에 금지라는 조건이 없는 것이 아닙니다. 대신 그 한계와 제한조차 스스로 부여하는 것, 그런 자기 부과적인 것이야말로 자유가 된다는 뜻입니다. 외적인 금지가 사라지고 자기 부과적인 것이 되었다고 해서 칸트의 자유를 주체의 내부에서 찾아서는 안 됩니다. 우리 영혼의 깊은 곳에서 순수이성의 순수성이 찾아지는 것이 아닙니다.

칸트는 진정한 자아를 재발견하라고 말하지 않습니다. 거기에 우리의 자유가 있다고도 하지 않습니다. 왜냐하면 우리가 영혼 깊은 곳으로 찾아가 발견하는 가장 깊은 신념들이 근본적으로 정념적이고 타율적이지 않다고 말할 수도 없기 때문입니다. 그런 까닭에 칸트가 말하는 자유는 우리가 원하는 대로 하는 행위 속에 있는 것도 아닙니다. 우리가 그런 욕망 속에서 자유로운지 어떤 다른 외적인 표상들이 우리의 욕망에 실제로 영향을 미치지 않았는지 증명할 수 없기 때문입니다. 심지어 욕망이야말로 타자의 것이라는 정신분석적 주장은 거의 상식이 되다시피 하지 않았습니까. 주체의 심리적 층위에서 자유의 기초를 확인할 수는 없습니다.

그렇다면 자유의 증거는 어디에 있는 것일까요? 칸트는 이를 양심에 따른 죄책감에서 찾습니다. 분명히 어쩔 수 없는 행위였다는 사실을 알고 있는데도 불구하고 죄책감에 빠지는 일이 있습니다. 우리의 힘으로는 그것과는 전혀 다르게 할 수 없었음에도 불구하고 우리에게 죄가 있다는 의식이 생겨납니다. 필연적인 사건이었지만 죄의식을 느껴야 하는 사건. 바로 이런 분열이야말로 자유가 드러나는 순간입니다. 칸트는 주체가 스스로 자유롭다고 믿는 곳에서는 자유가 없다고 말합니다. 대표적으로 상대적(비교적)(comparative) 자유 개념이 그것입니다. 태엽을 감아 주면 나중에는 스스로 움직이는 시계처럼 우리도 필연적인 인과 속에 있지만 그래도 심리적으로는 자유로웠다고 말합니다. 그러나 칸트는 상대적인 자유 개념으로는 자유 자체를 절대로 확보할 수 없다고 주장합니다.

하지만 그렇다고 우리가 시계의 태엽처럼 자동장치에 불과하다고 말하지 않습니다. 부득이했다고 우리가 스스로 위무할 때 칸트는 오히려 그때 인간의 자유를 주장합니다. 칸트는 인과적 결정 너머 어딘가에 주체의 자유가 있다고 말하지 않습니다. 대신 인과적 결정의 지배를 최후까지 고집하도록 합니다. 그리고 그럴 때만 주체의 자유가 현시될 수 있다고 합니다. 주체는 자신이 알고 있는 것보다 훨씬 자유롭다는 것입니다. 칸트는 이 문제를 '태생적 악한'과 관련하여 다음과 같이 해명합니다.

인간의 동기가 물리학적인 방식으로 계산될 수 있다고 하더라도 인간은 자유롭습니다. 왜냐하면 아무리 자연 필연적인 존재일지라도 인간은 자유의 실행자이기도 하기 때문입니다. 태생적 악한의 사례에서 이 자유를 확인할 수 있습니다. 어려서부터 훌륭히 교육을 받았는데도 커갈수록 악해져서는 더 이상 개선의 여지가 없는 그런 태생적 악한이 있습니다. 그런데도 우리는 이 악한이 저지른 위법한 행위를 죄라고 단정합니다. 이는 모순적이죠. 타고난 악한이라면 죄가 될 수 없지만 그래도 우리는 죄가 있다고 말하고 있으니까요. 이 모순은 우리가 인간의 행위에 대해 자유라는 원인을 전제하고 있다는 사실을 잘 보여 줍니다. 저 태생적 악한이 형성한 '성격'은 바로 자유로운 의지를 통해 받아들인 준칙들의 결과라는 사실을 우리가 은연중 인정하고 있는 것입니다. 모든 행위는 특정한 준칙에 의해서 발생하고, 준칙의 수용은 언제나 개인의 자유를 전제합니다. 준칙은 강제적으로 수용될 수 없는 것이기 때문입니다.

태생적 악한의 사례를 통해 칸트는 인간이 자유롭다고 단정적으로 말하는 게 아니라 인간이 자연의 필연적 연관 속에 있을지라도 자유롭다고 말합니다. 다시 말해 우리의 자유를 발견하기 위해서는 철저히 필연적인 연관 속에 있어야 한다고 말하는 것입니다. 그렇다면 필연성 속에서 어떻게 자유로울 수 있는 것일까요? 주판치치의 설명을 토대로 이해해 보도록 하겠습니다(주판치치, 『실재의 윤리』, 57~64쪽). 우선 주체는 자신의 근본적 정념성을 경험해야 합니다. 인간이 무조건 자유롭다고 한다면 죄책감에 빠질 이유도 없습니다. 인간은 기본적으로 정념적입니다. 그렇기 때문에 죄책감 속에서 분열된 주체가 됩니다. 주체는 우선 '생각하는 것은 (자유로운 주체로서) 나다', '행위하는 것은 (자유로운 주체로서) 나다'라고 하는 그런 진술을 표명하는 것이 불가능한 지점에 놓여 있어야 합니다. 이 필연성 속에서 도저히 벗어날 수 없다는 강한 결정론 아래 있어야 합니다. 도대체 '나'라는 것이 존재하지 않게 되는 지점을 통과해야 자유로운 주체의 지위를 획득할 수 있습니다. 일종의 근본적 소외의 경험이라고 할 수 있겠지요.

타자의 타자는 없다

이제 이 법칙적이고 필연적인 인과성 속에서 주체가 어떤 능동적인 역할을 하는 지점을 발견해야 합니다. 자연적 필연성의 대류에 휩쓸려 들어간 것일 수 있습니다. 하지만 어떤 경험적인 원인으로 하여금 원인으로 작동하도록 만든 것은 다른 타자적 원인이 아니라 바로 우리 자신이라는 원인입니다. 특정한 원인으로 하여금 특정한 결과를 낳도록 만드는 필연성 속에서 원인이 작동하도록 만든 주체는 우리 자신입니다. 물신주의의 사례를 보겠습니다. 하이힐에 대해 모든 사람이 동일하게 성적인 반응을 하지는 않습니다. 다시 말해 하이힐이라는 원인이 우리에게 동일한 성적 반응의 결과를 낳지 않는 것입니다. 그렇다면 물신주의자에게는 무슨 일이 일어난 것일까요? 그는 하이힐이라는 원인으로 하여금 성적 반응이라는 결과를 낳는 원인으로 작동하도록 허락한 주체입니다.

하나의 대상이 우리의 욕망의 원인이 될 수 있는 것은 하이힐 바깥의 다른 원인 때문이 아닙니다. 그렇게 원인을 찾게 되면 우리는 인과의 순환 계열 속에 묶이게 됩니다. 원인을 원인으로 작동하도록 만든 것은 바로 주체입니다. 주체가 특정한 원인으로 하여금 원인으로서 효과를 발휘할 수 있도록 하는 준칙을 스스로 채택한 것입니다. 이 준칙마저 주체 바깥의 원인이 작동한 것이라면 우리는 하이힐에 대해 모두 다 동일한 반응을 보여야 합니다. 원인의 원인은 저 원인 외부의 타자가 아니라 바로 주체 자신입니다. 라캉식으로 말해서 타자의 타자는 주체인 것입니다.

물신주의자들은 말합니다. '난 어쩔 수 없었어. 그건 내 통제를 벗어난 일이야.' 하지만 통제를 벗어난 대상으로 하여금 주체 자신의 충동의 원인이 되도록 만든 것은 바로 주체가 채택한 준칙입니다. 칸트가 말하는 자유가 바로 이것입니다. 인과적 필연성을 준칙으로 받아들이는 주체의 자유. 어떤 특수한 동인을 자신의 행동을 규정하는 준칙 속에 병합하는 주체의 자유가 있다는 것입니다. 칸트의 초월적(transcendental) 자유가 겨냥하는 것은 이 준칙 속에서 선택하는 주체의 자유 배후에는 다른 타자적 원인이란 존재하지 않는다는 사실입니다. 칸트는 이것을 주체의 '성격'(character)이라는 말로 표현하고자 했습니다. 성격은 주체의 자유가 결정하는 운명이라고.

주체는 자신이 자유롭다고 생각하는 장소에서는 자유롭지 않으며, 필연적 원인에 의해 결정되어 있다고 생각하는 장소에서는 오히려 자유롭습니다. 심리적으로는 자유롭지 않으나 무의식적으로는 자유롭다고도 표현할 수 있겠습니다. 물론 칸트는 저 초월적 자유에 대해 무의식이라는 말을 쓰지는 않았습니다. 하지만 저지른 행위에 대한 죄책감이 행위를 무화시키지도 않는데도 불구하고 계속해서 발생한다는 것, 이 죄책감이 시간의 흐름과 상관없이 나타난다는 것을 보면 저 자유에 따른 양심이 무시간성을 특징으로 하는 무의식과 동류의 것임을 알 수 있습니다. 프로이트는 무의식에는 시간이 존재하지 않는다고 했습니다. 주체가 자유를 경험하기 위해서는 근본적인 소외의 경험이 필요합니다. 주체는 자신이 인과적 사슬 속에서 결코 자유롭지 않다는 사실을 경험해야 합니다. 자신이 근본적으로 정념적 존재에 불과하다는 사실과 강제적으로 대면해야 합니다. 다시 말해 데카르트의 저 코기토라는 자유로운 사고의 주체가 소멸되어 버리는 경험이 있어야 합니다. 더 이상 나는 존재하지 않습니다. 모든 것은 인과적 사슬이고 타자들입니다.

하지만 바로 이 순간 주체는 자유를 경험하게 됩니다. 모든 원인으로 하여금 원인이 되도록, 원인이 되어 결과를 발생시키도록 만든 계기는 바로 주체입니다. 모든 것이 타자로 환원되지는 않습니다. 타자 속에서 발견되지 않는 자유로운 원인은 주체에게 있습니다. 물론 주체는 인과적 필연성의 계열 속에서만 살 수 있습니다. 하지만 모든 것이 그런 자연적 필연성에 의해 결정되는 것은 아닙니다. 그렇다고 자유가 자연과 동떨어진 주체의 영혼 깊숙한 곳에 심리적으로 존재하는 것도 아닙니다. 주체가 자신을 "자신의 집에 있는 이방인"처럼 발견하는 한에서 자유에 접근할 수 있습니다. 주체 안에 있다고도 할 수 없고 주체 바깥에 있다고도 할 수 없는 이 자유, 그리하여 '외밀적'(extimate)이라고밖에는 표현할 수 없는 자유, 그것이 칸트의 초월적 자유입니다.

모든 것이 주체로 환원되지 않습니다. 또한 모든 것이 타자로 환원되지 않습니다. 타자가 전부였다면 도대체 주체라는 현상이 어떻게 있을 수 있으며, 그런 주체가 있어서 무슨 소용이 있겠습니까? 타자의 자리에 놓인 공백, 다시 말해 대상이라는 원인으로 하여금 원인으로 작동하게끔 만드는 능력이 타자에게 있지 않다는 것, 바로 그 순간 주체가 탄생합니다. 주체는 타자 속의 결여의 결과입니다. 그러므로 주체 없이 자유는 있을 수 없습니다. 하지만 주체의 출현 자체가 이미 자유로운 행위입니다.

자유란 가장 근본적인 층위에서 단순히 새로운 인과관계를 시작하는 자유로운 행동이 아닙니다. 신적인 창조 행위와 같은 것을 말하는 것이 아닙니다. 어떤 필연적인 관계가 우리를 결정하게 될 것인가를 승인하는 우리의 원초적이고도 무시간적인 결정의 행위가 바로 자유입니다. 그런 점에서 보면 자유는 스피노자가 말하는 인식된 필연이 아니라 이런 인식을 통해 구성된 필연입니다. 다시 말해 내용의 층위에서는 모든 것이 우리 안에서 우리 없이 결정됩니다. 하지만 이 모든 내용이 우리를 결정하도록 승인하는 그 "텅 빈 형식적 제스처"는 철저히 주체의 몫입니다(지젝, 『시차적 관점』, 408~410쪽). 이것이 바로 타자의 공백으로서 주체의 자유가 뜻하는 바입니다.

4. 윤리적 주체와 악의 문제

천재와 사도

키르케고르는 '천재'와 '사도'(apostle)의 차이에 대해 이렇게 말합니다(지젝, 『시차적 관점』, 300~303쪽). 천재가 자신 속의 자신 이상의 것을 표현하는 개인이라면, 사도는 자신 안에 있는 것이 중요하지 않은 사람이자 비개인적 진리의 증인으로서 자신의 인생을 헌납한, 인간의 전적인 형식적 기능입니다. 칸트의 주체를 알아보기 위해 중요한 것이 바로 이 사도라는 개념입니다. 그 기능과 형식에 있어 외교관과 비슷한 존재입니다. 그는 국가를 대표하는 존재로서 개인의 정념적 정체성을 비워내고 외교적 형식으로 기능해야 합니다. 이와 비슷한 것이 히스테리입니다. 정신분석적으로 히스테리적인 주체란, 외상적 진실에 의해 침입당한 진실의 담지자로서의 육체적 증상이라

할 수 있습니다. 그의 신체는 개인적이고 고유한 특성으로서
는 취소되고 오직 외상적 진실의 중개자라는 형식으로 양도됩
니다. 히스테리적 주체는 외상적 진실 뒤에 숨는 게 아니라 그
진실에 사로잡힌 주체가 됩니다.

이처럼 우리가 '개인'에서 '주체'로 변한다는 것은 우리
의 인격을 구성하는 개인적 재산(자아)을 희생시킨 후에도 남
아 있는 어떤 공백으로 실체 변환(transubstantiation)되는 것입
니다. 우리가 비개인적 진실의 작용인으로 바뀔 때, 다시 말해
이 진실을 증언하는 끝없는 작업을 우리의 기획으로 받아들일
때 우리는 하나의 형식, 즉 주체로 변하게 됩니다. 주체는 이렇
게 말하는 존재입니다. '나 자신은 아무런 의미도 없다. 나에
대한 전권은 진실의 것이다.' 이것이 바로 주체의 출현이자 윤
리적 차원의 개시입니다. 키르케고르는 그리스도를 사도의 사
례로서 인용합니다. 그에 따르면 그리스도는 신학을 전공하는
학생보다 더 심오한 신학적 주장을 펼치지 않았습니다. 하지
만 그리스도는 진실의 궁극적 사도였습니다. 사도가 되는 길
은 진정 공포스러운 것입니다. 왜냐하면 그리스도는 진실의
사도로서 불멸할 수밖에 없기 때문입니다. 죽음보다 더 두려
운 것은 영원히 살아야 하는 그 불멸성입니다.

이 진실의 사도가 되는 그 두려운 경험을 칸트의 윤리적

주체에서 우리는 확인할 수 있습니다. 칸트는 『실천이성비판』 말미에서 생명 없는 꼭두각시에 대해 말한 적이 있습니다. 그는 만약 우리의 (이성이 아닌) 지성이 예지체 자체에 대한 직접적 통찰을 획득하면 어떤 일이 일어날지 묻습니다. 저 자유의 세계 속에 직접 산다는 것이 일견 행복한 일일 것 같은데 칸트는 오히려 정반대의 이야기를 늘어놓습니다. 거기서는 신과 영원성이 그 두려운 위엄과 함께 우리를 끊임없이 바라보고 있습니다. 법칙과 의무를 위반하는 일은 더 이상 있을 수 없습니다. 지시되고 명령된 것은 행해지게 될 것입니다. 그러나 대부분의 합법칙적인 행위들은 공포에서 생길 것이라고 합니다.

  "인간의 자연 본성이 지금의 모양 그대로 있는 동안은 인간의 처신은 순전한 기계성으로 변환될 것이다. 거기에서는 꼭두각시놀이에서처럼 모든 것이 잘 연출될 터이지만 그러나 그런 배역들 중에서는 단 하나의 생명도 발견될 수 없을 것이다"(A265). 이 상황이 바로 개인이 주체로서 진리의 사도로 실체 변환되는 장면에 대한 가장 근접한 묘사라 할 수 있습니다. 그리스도처럼 신의 진리가 우리를 엄습할 때 우리의 자유는 박탈당하고 생명 없는 꼭두각시와 같은 느낌 속에 사로잡히게 됩니다. 진실이 우리를 습격하는 이런 상황은 우리의 의도에 따라 발생할 수 있는 것이 아닙니다. 주체가 된다는 것, 윤리적 주체가 된다는 것, 그것은 습격에 노출된 수동성에 처해지는 것입니다. 그리고 이렇게 개인적 정체성이 텅 비는 형식적 기능으로 전환되지 않는 한 칸트적 주체가 될 수 있는 길도 존재하지 않습니다.

어떤 윤리적 행위가 결행되었을 때 주체는 자신의 행위를 예기치 않은 것으로 경험하게 됩니다. 칸트가 말하는 자유의 행위라는 것이 바로 이런 것입니다. 본인도 모르게 그저 발생해 버리고, 행위자도 자신의 그런 행위에 대해 놀랍다는 반응을 보이게 됩니다. '내가 이런 일을 할 수 있다니, 도대체 알 수 없는 일이다.' 이것이 바로 칸트의 윤리적 행위가 담고 있는 역설입니다. 그것은 그리스도의 행위와 같은 것입니다. 최고의 윤리적 행위는 최대의 자유 속에서 행해지는 것이지만 또한 최대의 수동성을 포함하는 것입니다. 자신이 생명 없는 꼭두각시가 된 듯한 느낌에 사로잡히는 것이죠. 주체의 의도를 벗어난 무의식적 진실의 포로가 되는 것이죠.

물론 칸트는 순수 의지(정념적 동기들로부터 자유로운 의지)에 의한 것만 윤리적 행위라고 전제했습니다. 그런데 우리의 행위가 순수하게 도덕법칙에 의해서만 촉발된 것이라고 확신할 수 없기 때문에 도덕적 행위는 이승에서 실제로 완성될 수 없으며 따라서 영혼의 정화라는 최종점에 대한 무한한 점근선적 접근에 의해서만 정립될 수 있을 뿐이라고 했습니다. 즉 윤리적 행위의 궁극적 가능성을 보증하기 위해 칸트는 '영혼의 불멸'과 주체의 실체적 동일성을 요청해야 했던 것이죠. 그러나 사실 윤리적 '행위' 속에서는 '행위자'가 소실되는 측면이 있음을 여기서 강조해야 합니다(지젝, 『까다로운 주체』, 611~613쪽). 행위자 자신이 자신의 윤리적 행위에 대해 놀란다는 것, 자신의 행위와 온전히 화합할 수 없다는 것은 모든 윤리적 행위에 있어 불가피한 사항입니다.

칸트는 윤리적 행위가 무의식적인 수준에서의 자유에 따른 것이라고 했으면서도 행위 전체를 주체의 의무의 영역으로만 한정합니다. 하지만 칸트를 보충하는 라캉의 관점은 행위의 층위에 있는 행위자를 굳이 전제하지 않을 수 있는 것이 진정한 행위라는 것입니다. 만약 행위자를 전제하지 않는 것이 참된 윤리적 주체의 길이라면 굳이 영혼이 불멸할 필요도 없습니다. 윤리적 행위는 현실적으로 실천될 수 있습니다. 안티고네처럼 말이죠. 안티고네는 왜 그런 고집을 부리는지 이스메네에게 구구절절 변명을 늘어놓습니다. 그러나 우리는 그녀의 변명이 상당히 구차하다는 사실을 잘 압니다.

그저 변명에 불과하다는 것은 그녀의 행위가 그녀의 의도에 의한 것으로는 제대로 설명이 되지 않는다는 것을 뜻합니다. 그것은 바로 윤리적 행위 혹은 윤리적 진실 앞에 사로잡힌 주체의 수동성을 설명하는 지표에 다름 아닙니다. 자신도 설명할 길 없지만 어떤 대가를 치르더라도 타협하지 않기로 결심하는 그런 것이 바로 윤리적인 행위입니다. 앞에서도 말했지만 윤리적인 차원에서는 앎이 중지됩니다. 지식이 더 이상 우리를 설명할 자리를 찾지 못합니다. 그러므로 윤리적 주체는 행위자 자신의 소실을 경험합니다. 이 행위는 분명히 우리의 것이지만 우리의 것이 아닌 듯한 느낌을 갖습니다. 행위자의 소실과 함께 주체를 사로잡는 진실.

그러나 주체는 그 설명 불가능한 행위에 대해 전적으로 책임감을 느낍니다. 이것이 윤리적 행위의 역설입니다. 분명 의도적이지는 않았습니다. 하지만 행위자는 책임이 오롯이 자신에게 있는 것이라고 주장합니다. '나는 달리 할 수 없었어. 하지만 그래도 나는 그것이 내 책임이라는 것을 자유롭게 받아들여.' 이것이 일종의 분열입니다. '이 일이 나를 파멸시키리라는 것을 충분히 알아. 하지만 불가항력이야. 이 일은 그저 나의 의무일 뿐이야. 나는 이 일을 하도록 운명적으로 지시받은 것이야. 도저히 도망칠 수가 없어.'

이 불가항력의 느낌이 윤리적 자유와 함께한다는 것이 역설적입니다. 꼭두각시가 된 듯한 느낌 속에 자유가 실현된다는 것, 이를 사랑과 같은 감정과 비교해 보면 쉽게 이해할 수 있습니다. 우리가 사랑을 한다는 것은 어떤 것인가요? 물론 우리는 사랑을 자유로운 결정이라고 생각합니다. 타인의 명령에 의해 사랑을 할 수는 없으며, 그런 사랑을 사랑이라고 부르지도 않으니까요. 하지만 우리는 사랑에 '빠졌다'고 말합니다. 이 사랑에서 도저히 벗어날 수 없는 상황에 사로잡혔다고 느낍니다. 생명 없는 꼭두각시가 된 듯한 느낌에 빠집니다. 하지만 이 맹목적 필연성 때문에 우리가 사랑을 거부하지는 않습니다. 오히려 바로 그런 근본적 수준에서 경험하는 기계적 느낌이야말로 참된 사랑의 조건에 해당합니다. 우리는 사랑에 사로잡혔을 때에라야 사랑을 기쁘게 받아들입니다.

꼭두각시가 되었다고 해서 윤리적 장면에서 주체가 사라지는 것이 아닙니다. 오히려 개인이 사라졌다고 해야 합니다. 꼭두각시이지만 엄연히 자유를 확신하는 주체가 단호하게 행위하고 있는 것입니다. 그래서 칸트의 윤리학에서는 결코 주체의 소멸을 말할 수 없습니다. 앞에서 사례로 든 것을 다시 생각해 보면, 만약 B라는 인물이 '진실을 말하는 것이 도덕적인 의무이니까' 하면서 A가 살인을 하지 않았다고 증언을 한다면 우리는 이런 행위를 윤리적이라 할 수 없습니다. 그는 지금 도덕법칙 뒤에 숨고 있는 것입니다. 도덕법칙 뒤에 숨는 행위가 비윤리적인 이유는, 그가 이 '진실의 의무'를 자신의 정념적 동기를 충족시키는 데 사용할 수도 있기 때문입니다. '진실을 말하는 게 의무니까 너의 추잡한 짓을 고발하겠어.' 우리는 이렇게 도덕적인 의무를 당파적으로 이용하는 장면을 정치적 공간에서 무수하게 관찰할 수 있습니다.

칸트적인 윤리적 주체는 어찌할 수 없는 필연성에 사로잡힌 주체이면서도 그 필연성에 책임을 전가하는 주체가 아닙니다. 동시에 기존에 존재하는 윤리적 의무의 리스트를 거론하며 자신의 행위의 변명으로 삼는 주체도 아닙니다. 의무는 오직 주체가 만드는 것입니다. 매 순간 주체는 '진실의 의무' 뒤로 숨는 것이 아니라 그것이 자신을 완전히 사로잡은 것처럼 행위해야 합니다. 십계명처럼 주체 바깥에 있으니까 순순히 따르겠다는 것이 아니라 개인에서 주체로의 변환을 통해 의무의 주체가 되는 충격을 스스로 감당해야 합니다. 오직 이 순간에만 모든 의무가 진정한 윤리적 의무로 변환하게 됩니다. 그런 점에서 윤리적 순간은 매 순간 주체의 결단과도 같이 어떤 단절을 수반하는 과정 속에서 성립한다고 하겠습니다.

정언명령과 악

주체가 윤리적 상황에서 배제될 수 없는 까닭은 도덕법칙의 성격에서 비롯된 것입니다. 정언명령은 실상 절반만 말해진 것입니다. '너의 의지의 준칙이 항상 동시에 보편적 법칙 수립의 원리로서 타당할 수 있도록 그렇게 행위하라.' '무엇'이 아니라 '어떻게'만 지시되고 절반쯤 말해진 것이 도덕적 명령입니다. 들뢰즈는 카프카적인 세계와 비슷하다며 칸트적인 법에 대해 이렇게 말했습니다. "순수형상으로 정의된 그 법은 어떠한 재료나 대상, 한계도 가지지 않음으로 해서 그 누구도 어떤 것인지 알 수 없는 것이 되고 만다. 그것은 정체를 드러내지 않은 채 작동한다. 그것은 이미 죄를 짓고 있는 곳, 오이디푸스의 경우처럼 행위의 한계를 알지 못한 채 그 한계를 벗어나는 곳에서 위반의 범위를 규정한다. 죄와 처벌 역시 법이 무엇인지 알려주지 않으며, 단지 법을 극단적인 처벌의 구체성만이 그에 필적할 만한 미정의 상태로 남겨 놓을 뿐이다"(들뢰즈, 『매저키즘』, 100쪽).

도덕법은 명확한 내용 없이 말해집니다. 도대체 타자의 욕망은 무엇을 원하는 것인지 우리에게 정확히 알려지지 않습니다. 우리는 이미 행위하고 있고 이미 죄를 지으면서 그 명령의 내용을 알게 됩니다. 이처럼 절반만 말해진 것이기에 도덕적 명령은 주체의 현실적 행위에 의해 보충되어야 합니다. 주체가 받아들여 그 절반을 채워 주지 않는 한 도덕법칙은 작동하지 않습니다. 주체적 입장이 연루되지 않은 도덕법칙(의무)은 없습니다. 카프카의 경우처럼 죄인의 신체에 처벌로서 아로새겨지면서만 법은 그 내용을 알립니다.

주체는 법이 무엇을 원하는지 알지 못합니다. 도덕법칙은 명확히 무언가를 원한다고 말하는 법칙도 아니고, 아무것도 원하지 않는다는 침묵의 법칙도 아닙니다. 일종의 수수께끼 아니면 신탁의 구조를 갖고 있습니다. 오이디푸스는 신탁이 지칭하는 대상(부모)을 정확히 알지 못했지만 나름의 대답을 찾아 이런저런 방식으로 자신의 욕망의 운명을 써내려 갑니다. 만약 오이디푸스의 이런 적극적인 회피 행위가 없었다면 신탁은 비일관적이고 무의미한 중얼거림에 불과했을 것입니다. 비시간적이고 초-주체적인 것으로서의 도덕법칙은 주체의 시간적 행위에 의존합니다. 신탁을 완성하는 것이 바로 주체의 행위입니다. 이처럼 도덕법칙은 주체가 따르기를 기다리면서 언제나-이미 거기에 있는 것이 아닙니다. 이 주체의 윤리적 행위야말로 비시간적이며 초-주체적인 것으로서의 도덕법칙을 작동시키고 구성하는 것입니다. 그러므로 주체의 행위가 없을 때 상실되는 것은 주체가 아니라 저 명령하는 법칙입니다.

그런데 칸트의 정언명령은 '정언적'(categorical) 명령입니다. 가언적인(hypothetical) 명령이 아니라 무조건적인 명령이기 때문에 어떤 변명도 허용치 않는 성질을 갖습니다. 바로 이 무조건성이 칸트의 윤리에 대해 사회적 공존의 요구와 화합하지 못하게 하는 성격을 부여합니다. 다시 말해 주체의 윤리적 행위가 주체를 파괴할 수도 있고 사회를 파괴할 수도 있습니다. 마치 안티고네의 고집이 자신과 공동체 전체를 위태롭게 만들듯이 말이죠. 도덕법칙은 이렇게 말하지 않습니다. '너는 할 수 있어, 그러니 해야 해.' 대신 이렇게 말합니다. '너는 할 수 있어, 왜냐하면 해야만 하니까.' 여기서 능력은 의무에 맞춰집니다. 그래서 사회적이고 현실적인 저항 속에서도 윤리적 원칙은 포기를 모릅니다.

도덕법칙은 현실원칙의 지배를 받지 않습니다. 현실적 조건이 무엇이든지 아무래도 상관이 없습니다. 진실의 의무이든 이웃사랑의 의무이든 모든 명령은 무조건적이어야 합니다. 타협이 없는 것이므로 정언명령은 언제나 항상성 속에 불균형을 초래합니다. 그리고 현실에 부과된 한계들을 전혀 고려하지 않습니다. 그래서 윤리적 주체는 공동체로부터 배제되고 그 보편성 바깥으로 내던져집니다. 이것이 안티고네가 처한 산 주검의 상태입니다. 하지만 공동체도 안전하지 않습니다. 안티고네의 고집과 함께 공동체 전체의 균형이 위태로워지는 순간이 찾아오고, 그래서 결국 크레온이 양보하는 상황까지 몰립니다. 현실원칙의 지배를 받는 상징적 질서 자체가 중지되어버리는 것입니다. 바로 이것이 프로이트가 말한 '죽음충동'의 영역입니다.

죽음충동은 열반원칙과는 아무런 관계도 없습니다. 그것은 죽음을 지향하는 충동도 아니고, 삶을 긍정하는 일체의 애착에 대한 직접적인 허무주의적 대립항도 아닙니다. 오히려 죽음과 상반된 것입니다. 죽지 않는 영원한 삶 자체이자 죄책과 고통 주위를 배회하는 끝없는 반복적 순환에 걸려드는 끔찍한 운명의 다른 이름입니다. 삶 안에 있지만 삶에서 벗어나 있는 이상한 과잉이 곧 죽음충동의 영역입니다. 인간은 이렇게 사물의 일상적인 흐름에서 빠져나와 이상한 극단 속에 사로잡혀 삶을 즐기는 이상한 충동이 있습니다(지젝, 『시차적 관점』, 129~130쪽). 바로 이런 죽음충동이 인간이라는 고유의 형상을 만드는 것이라고도 할 수 있습니다. 아무것도 아닌 것을 위해 모든 것을 내거는 이상한 애착과도 같은 것이 바로 죽음충동입니다.

그래서 죽음충동은 상징적 질서 자체를 내파합니다. 무조건적 고집은 공동체를 위협합니다. 안티고네는 타협하지 않습니다. 그녀의 보편성에 대한 주장은 자신을 공동체 바깥으로 내던지고 현존하는 공동체의 질서와 조화도 파괴합니다. 이것이 바로 칸트가 말하는 예지적 자유의 세계입니다. 칸트적 자유는 행복한 상태와는 관계가 없습니다. 상징계를 박탈당한 산 주검의 상태란 얼마나 끔찍한 것이겠습니까. 그러나 인간은 그런 죽음충동의 영역에 자발적으로 발을 들이고는 자발적으로 빠져나오지도 못합니다. 죽음보다 못한 죽음 너머의 삶, 어찌 보면 그런 것이 윤리적 삶이라 할 수 있습니다. 더 이상 쾌락원칙이 문제되지 않는 삶, 그런 쾌락의 소멸이 두려움의 대상이 되지 않는 삶.

칸트가 '악'에 대해서 말한다면 바로 이런 것이 아닐까요? 칸트에게 악은 단순히 정념적인 이익을 추구하는 그런 사소한 것이 아니라 인간의 본원적인 행위에 해당합니다. 인간의 자유가 오롯이 감당해야 하는 그런 것이 곧 악입니다. 하지만 악을 선택하는 이런 이성적 자유가 이성으로부터 이탈한 행위가 되기 때문에 칸트가 후기의 『윤리형이상학정초』에서 실천이성의 법칙 수립만이 자유의 능력이고 (악에 대한) 선택의지의 자유는 실천이성의 결여태라며 도덕적 악을 부정한다는 논의도 있습니다(이정환, 「근본악에서 드러나는 자유의 구조 : 추동자-담지자의 기능적 이원론으로서 칸트의 자유 이론」 참조). 그럼에도 불구하고 칸트의 논리 자체에는 분명히 악의 가능성이 숨어 있습니다.

라캉은 안티고네의 행위가 윤리적인 것이라고 말했습니다. 그렇다면 윤리적인 것이란 무엇인가요? 선한 것인가요, 아니면 악한 것인가요? 우리는 안티고네를 통해 윤리란 선악의 구별을 무화시키는 영역 속에 있다고 생각하게 됩니다. 안티고네는 자신의 욕망과 관련해서 한 치의 양보도 없습니다. 모든 일상적인 행복을 포기해 가면서까지 뭔가를 고집합니다. 물론 표면적으로는 장례입니다. 그러나 우리는 그녀의 고집을 보면서 도대체 그녀가 진정 무엇을 원하는지 궁금해집니다. 장례가 뭔 대수라고 그렇게 목숨까지 던지는 것인지 알 수 없습니다. 이렇게 윤리적 주체는 우리로 하여금 대답할 수 없는 지점으로 몰아넣습니다. '그녀는 정말로 무엇을 원하는가?' 우리는 윤리적 행위 속에서 선악의 구별 불가능성이라는 심연에 사로잡히게 됩니다. 이것이 바로 칸트가 열어젖힌 윤리적 혁명이라고 하겠습니다. 어쨌든 칸트 고유의 윤리적 행위는 우리 존재의 토대 자체를 무너뜨리는 파괴적 힘을 풀어 놓는 것이라 하겠습니다.

참고문헌

강지영, 「정언명령의 객관적 실재성 증명 — 칸트의 "이성의 사실"을 중심으로」, 『철학연구』51집, 2015.

권이선, 「칸트 실천철학의 법정모델 고찰 — 양심 법정을 도덕법칙에 되비추어서」, 『동서인문』7, 2017.

김도균, 「칸트와 법치주의: 법률, 법, 실천이성」, 『철학사상』24, 2007.

김석현, 「칸트 윤리학에 있어서 실천적 도식론으로서의 전형론과 시간」, 『철학논총』11, 1995.

김옥경, 「헤겔에서 불행한 의식과 행복한 의식의 변증법」, 『철학논집』45, 2016.

들뢰즈, 질, 『칸트의 비판철학』, 서동욱 옮김, 민음사, 1995.

_____, 『매저키즘』, 이강훈 옮김, 인간사랑, 2007.

_____, 『경험주의와 주체성』, 한정헌·정유경 옮김, 난장, 2012.

이정환, 「근본악에서 드러나는 자유의 구조 : 추동자-담지자의 기능적 이원론으로서 칸트의 자유 이론」, 『철학』142, 2020.

주판치치, 알렌카, 『실제의 윤리』, 이성민 옮김, 도서출판b, 2004.

지젝, 슬라보예, 『이데올로기라는 숭고한 대상』, 이수련 옮김, 인간사랑, 2002.

_____, 『까다로운 주체』, 이성민 옮김, 도서출판b, 2005.

_____, 『시차적 관점』, 김서영 옮김, 마티, 2009.

찾아보기

【ㅇ】